Lancer son E-commerce avec 0€ de Budget

Sommaire

Chapitre 7 - Stratégies de marketing gratuites.

Chapitre 8 - Gestion des commandes et logistique.

Chapitre 9 - Construire une communauté autour de votre marque.

Chapitre 1
Comprendre l'E-commerce.

Qu'est-ce que l'E-commerce ?

L'e-commerce, contraction de commerce électronique, désigne l'ensemble des transactions commerciales réalisées à travers les réseaux numériques, principalement Internet. Ce phénomène a commencé à prendre de l'ampleur dans les années 1990, parallèlement à la démocratisation de l'accès au web dans les foyers, et n'a cessé de se développer depuis. Aujourd'hui, il représente un élément incontournable de l'économie mondiale, avec des milliers d'entreprises, grandes ou modestes, qui y participent. À première vue, l'e-commerce pourrait être assimilé à une simple extension des boutiques physiques au monde en ligne, mais il s'en distingue par bien des aspects qui le rendent unique et particulièrement dynamique.

Au cœur de la définition de l'e-commerce se trouve la notion de transaction électronique. Celle-ci peut se manifester sous de multiples formes, qu'il s'agisse de la vente de biens tangibles nécessitant une logistique physique pour la livraison, de biens numériques instantanément accessibles après achat, ou encore de prestations de services. Ce mode de commerce repose fondamentalement sur des plateformes en ligne qui agissent comme des intermédiaires facilitant les échanges entre acheteurs et vendeurs à travers différentes interfaces électroniques. Ces plateformes peuvent être des sites web dédiés à cette activité ou bien des applications mobiles. En réunissant sur un même espace virtuel les différentes offres et demandes, l'e-commerce fait tomber les barrières géographiques, élargissant ainsi le marché potentiel d'une entreprise bien au-delà de sa zone physique d'opération.

Derrière l'apparente simplicité de l'achat en ligne se cache une infrastructure complexe, reliant des systèmes de paiement électroniques, des services logistiques, et des stratégies de marketing digital. La montée en puissance des réseaux sociaux et des canaux digitaux a progressivement intégré l'e-commerce, permettant aux entreprises de cibler plus efficacement les consommateurs par le biais de publicités personnalisées et d'engagement direct. En parallèle, les progrès technologiques continuent d'ouvrir de nouvelles possibilités, transformant la façon dont les entreprises interagissent avec leurs clients. Les outils de collecte et d'analyse de données, par exemple, offrent des insights précieux sur le comportement des consommateurs, permettant aux entreprises non seulement d'optimiser leurs services, mais aussi d'anticiper les tendances du marché. Ce qui était autrefois une transaction impassible s'est aujourd'hui métamorphosé en une expérience personnalisée pour le consommateur.

L'un des plus grands attraits de l'e-commerce réside dans la flexibilité et la commodité qu'il offre aux consommateurs. À toute heure de la journée, n'importe où dans le monde, les utilisateurs peuvent parcourir et acheter des produits à leur convenance, ce qui renforce le sentiment de contrôle et de personnalisation globale de l'expérience d'achat. Cette accessibilité est année après année consolidée par les avancées technologiques, facilitant une navigation plus fluide et des processus de commande de plus en plus simplifiés. De plus, l'évolution des méthodes de paiement, avec l'émergence des portefeuilles électroniques, des cryptomonnaies et des options de paiement différé, contribue à éliminer les frictions lors de l'achat, rendant ainsi l'e-commerce plus attrayant que jamais.

Cependant, l'e-commerce n'est pas exempt de défis. Les questions liées à la sécurité des transactions, comme la protection des données personnelles et la fiabilité des systèmes de paiement, continuent de figurer parmi les préoccupations majeures des consommateurs et des entreprises. De plus, la concurrence est particulièrement rude sur ce marché numérique, poussant les entreprises à innover constamment pour se démarquer et fidéliser leur clientèle. Les barrières à l'entrée pour les nouveaux venus peuvent également être élevées, les technologies nécessaires et la gestion efficace de la chaîne d'approvisionnement requérant à la fois compétence et réactivité.

À mesure que l'e-commerce évolue, il devient également un indicateur significatif des tendances économiques et sociales globales. On observe par exemple une prise de conscience croissante des consommateurs vis-à-vis des enjeux environnementaux et sociaux, ce qui pousse les acteurs de l'e-commerce à adopter des pratiques plus éthiques et durables. Des tendances comme le commerce mobile (m-commerce), l'engouement pour la durabilité, et l'essor des places de marché, reflètent bien la capacité de l'e-commerce à s'adapter aux besoins et aux attentes changeantes des consommateurs.

En conclusion, comprendre ce qu'est l'e-commerce nécessite d'aller au-delà de la simple idée d'achat en ligne. Cela suppose de saisir la complexité et la richesse d'un domaine en constante évolution, dont le potentiel ne cesse de croître, soutenant et redéfinissant l'avenir du commerce à l'échelle mondiale. À mesure que l'innovation continue de remodeler le paysage numérique, l'e-commerce s'affirme comme une fenêtre ouverte sur de nouvelles perspectives économiques et sociales, prête à transformer, encore et toujours, notre manière de vivre et de faire des affaires.

Les différents types d'E-commerce

L'e-commerce est un domaine vaste et diversifié où coexistent une multitude de modèles d'affaires. Comprendre les différents types d'e-commerce est fondamental pour quiconque envisage de se lancer dans ce secteur compétitif. Traditionnellement, nous distinguons trois catégories principales qui définissent les interactions transactionnelles : Business-to-Consumer (B2C), Business-to-Business (B2B), et Consumer-to-Consumer (C2C). Toutefois, à mesure que le commerce électronique évolue, de nouvelles formes émergent, reflétant l'innovation constante du secteur.

Le Business-to-Consumer (B2C) est peut-être le modèle d'e-commerce le plus familier au grand public. Dans ce type de transaction, les entreprises offrent directement leurs produits ou services aux consommateurs individuels via une plateforme en ligne. Ce modèle est populaire pour sa simplicité et sa capacité à atteindre un large public. Des géants technologiques comme Amazon ou Alibaba opèrent principalement sur ce modèle, mettant en relation les fabricants et les consommateurs. Pour les entrepreneurs avec des ressources limitées, le modèle B2C offre une multitude d'opportunités, notamment grâce aux marketplaces qui peuvent exposer leurs produits à une clientèle mondiale sans nécessiter de budget marketing colossal dès le départ.

Le Business-to-Business (B2B), en revanche, se concentre sur les transactions entre entreprises. Dans ce modèle, les produits ou services sont destinés à d'autres entreprises qui les utiliseront ensuite pour la production de leurs propres marchandises ou interactions avec leurs propres clients. Cela peut inclure une gamme variée de services allant des fournitures industrielles et des matériaux de base à des solutions logicielles complexes. Le B2B présente un cycle de vente souvent plus long et plus transactionnel que le B2C, mais les marges bénéficiaires peuvent être plus élevées en raison de la valeur des transactions souvent plus importantes. L'e-commerce B2B fleurit grâce aux plateformes spécialisées, qui facilitent les interactions commerciales et souvent fournissent des fonctionnalités de personnalisation avancées.

Le modèle Consumer-to-Consumer (C2C) représente une autre facette importante de l'e-commerce où les individus peuvent vendre directement à d'autres individus. Ceci est généralement facilité par des plateformes tierces qui fournissent les outils et services nécessaire, comme eBay, Etsy ou LeBonCoin. Ces plateformes ne se contentent pas de mettre en relation des vendeurs et des acheteurs, elles établissent également des normes de confiance et de sécurité cruciales et offrent une solution de paiement fiable. Le C2C présente un faible coût d'entrée, car il capitalise sur la capacité des individus à acheter et vendre sans intermédiaire commercial officiel. Pour de nombreux entrepreneurs en herbe, ce modèle représente un point d'entrée facile pour tester des idées de produits avec peu de risques financiers.

Au-delà des modèles traditionnels, un autre type innovant d'e-commerce est le Direct-to-Consumer (DTC). Il s'agit d'un modèle dans lequel les entreprises vendent directement à leurs consommateurs finaux, sautant les intermédiaires classiques tels que les distributeurs ou les détaillants. Ce modèle est souvent préféré par les marques désireuses de contrôler l'ensemble de l'expérience client, de la promotion au service après-vente. L'essor du DTC est en partie dû à l'accessibilité accrue des outils numériques qui permettent aux marques de créer un lien direct avec leur clientèle. À l'heure actuelle, le DTC s'est imposé comme une force puissante, même dans le secteur de la vente au détail traditionnel, beaucoup d'entreprises établies s'efforçant d'intégrer un composant DTC dans leurs opérations.

Un modèle relativement nouveau qui a gagné en popularité ces dernières années est le Consumer-to-Business (C2B). Ici, le rôle traditionnel entre consommateurs et entreprises est inversé. Dans le C2B, les consommateurs offrent des produits ou des services aux entreprises. Les plateformes où les entreprises demandent à des individus de remplir des enquêtes, tester des produits ou fournir des idées pour des campagnes marketing sont des exemples typiques. Le C2B offre aux entreprises un accès direct à une source de rétroaction directe, potentiellement enrichissante et économique.

Alors que le paysage du commerce en ligne continue de se transformer, de nombreux autres modèles continuent d'émerger, notamment le modèle mobile (m-commerce), qui se concentre sur les transactions facilitées par des appareils portables. La rapide augmentation de l'utilisation des smartphones et des applications dédiées a permis cet épicentre mobile du commerce électronique à se développer de manière exponentielle, présentant un avantage unique pour ceux qui cherchent à capter une génération de consommateurs de plus en plus mobiles. Les entreprises qui adoptent un modèle m-commerce exploitent la commodité du shopping en déplacement, offrant des expériences d'achat fluides et instantanées.

En définitive, l'e-commerce n'est pas figé. Chaque modèle présente ses propres avantages, défis et dynamiques de marché, et le choix du bon type peut faire toute la différence pour un entrepreneur débutant. Dans de nombreux cas, un mélange stratégique de ces modèles peut être employé pour maximiser les opportunités et minimiser les risques. Comprendre et anticiper les besoins spécifiques des utilisateurs finaux, tout en restant flexible et réactif face aux nouvelles tendances technologiques, permettra de préparer le terrain pour une activité fructueuse dans le monde numérique de l'e-commerce.

Avantages et défis de l'e-commerce

L'e-commerce représente une véritable révolution dans le paysage commercial moderne, offrant une multitude d'avantages qui attirent bon nombre d'entrepreneurs et de consommateurs. Tout d'abord, l'accessibilité constitue l'un des principaux atouts de l'e-commerce. Contrairement aux magasins physiques, une boutique en ligne permet aux clients d'accéder aux produits et services à n'importe quel moment de la journée, n'importe où dans le monde, pourvu qu'ils disposent d'une connexion Internet. Cette disponibilité permanente répond aux besoins d'une société en quête constante de commodité et de flexibilité.

Pour les entrepreneurs, l'e-commerce rend possible le démarrage d'une entreprise avec des coûts d'exploitation significativement réduits. Ouvrir un magasin physique implique souvent des coûts de location élevés, des dépenses en aménagements d'espace et des factures d'électricité et d'eau. L'e-commerce court-circuite une bonne partie de ces dépenses. De plus, la gestion des stocks peut être optimisée grâce aux modèles économiques tels que le dropshipping, qui permettent de vendre des produits sans avoir à investir dans l'achat de stock à l'avance.

L'e-commerce propose aussi des moyens sophistiqués d'attirer et de fidéliser les clients grâce au marketing digital. Grâce aux données recueillies en ligne, les commerçants peuvent comprendre les habitudes et les préférences des consommateurs avec une précision inégalée. Cela permet de personnaliser les expériences d'achat, depuis l'envoi de recommandations de produits ciblées jusqu'à des campagnes de remarketing efficaces, convertissant ainsi des visiteurs occasionnels en acheteurs réguliers.

Par ailleurs, l'évolution continue des technologies numériques permet aux entreprises de s'adapter rapidement aux nouvelles tendances, rendant l'e-commerce incroyablement flexible. Par exemple, l'essor des réseaux sociaux a transformé la manière dont les consommateurs interagissent avec les marques. Ces plateformes permettent une communication directe et instantanée avec les clients, favorisant la création de communautés autour des marques, ce que les mediums traditionnels peinent à égaler. Enfin, les progrès dans le domaine des paiements numériques apportent une nouvelle couche de sécurité et de rapidité dans les transactions, renforçant ainsi la confiance des consommateurs dans le commerce en ligne.

Cependant, malgré ses nombreux avantages, l'e-commerce n'est pas sans défis. L'un des plus conséquents concerne la sécurité des transactions et la protection des données personnelles. La hausse des cyberattaques et des fraudes en ligne laisse certains consommateurs hésitants à partager leurs informations personnelles et financières sur les sites e-commerce, ce qui peut entraver leur croissance. Les entreprises doivent investir dans des technologies de sécurité robustes pour protéger à la fois leurs clients et leurs opérations.

Un autre défi important de l'e-commerce est la gestion efficace des retours de produits. Contrairement aux achats en magasin, qui permettent aux clients de voir, toucher et essayer les produits, les achats en ligne reposent sur des descriptions textuelles et des images, ce qui peut parfois mener à des attentes non satisfaites et un taux de retour élevé. Les entreprises doivent trouver des moyens d'améliorer la satisfaction client en offrant des politiques de retour claires et sans tracas tout en minimisant les coûts.

La logistique, bien qu'améliorée avec le temps, demeure aussi un terrain complexe à naviguer, notamment pour les petites entreprises qui pourraient ne pas avoir les mêmes ressources que les géants du secteur pour garantir des expéditions rapides et peu coûteuses. De plus, pour pénétrer sur certains marchés étrangers, les entreprises peuvent se heurter à des barrières linguistiques, culturelles et réglementaires qu'elles n'avaient pas anticipées.

Enfin, la concurrence dans le monde de l'e-commerce est féroce. Avec la facilité relative de mise en ligne de nouveaux commerces, le nombre d'acteurs sur le marché ne cesse de croître, rendant la différenciation de plus en plus complexe. Les entreprises doivent maintenir une veille stratégique constante pour rester en phase avec les tendances et les attentes changeantes des consommateurs, ce qui peut nécessiter une innovation continue, tant au niveau technologique qu'au niveau de l'expérience client.

En conclusion, l'e-commerce présente d'immenses opportunités et bénéfices qui peuvent propulser les entrepreneurs vers de nouveaux sommets de succès. Cependant, pour capitaliser sur ses riches potentialités, il est nécessaire de naviguer avec soin et stratégie autour des défis qui se profilent, en équilibrant l'innovation avec une gestion prudente des risques. Ainsi, comprendre les nuances de l'e-commerce devient un atout indispensable pour tout entrepreneur aspirationnel cherchant à dominer cet espace en constante évolution.

Les tendances actuelles de l'e-commerce

L'évolution incessante du secteur de l'e-commerce repose sur l'adaptation constante aux nouvelles technologies, à l'évolution des comportements des consommateurs et à une concurrence mondiale exacerbée. Au cœur des tendances actuelles, nous retrouvons l'essor foudroyant des appareils mobiles qui jouent désormais un rôle intégral dans le parcours client. Le commerce mobile, ou m-commerce, s'impose indéniablement comme un incontournable. Ce phénomène est principalement alimenté par une augmentation massive de l'utilisation des smartphones et des tablettes, qui a transformé ces appareils en véritables outils d'achat, permettant aux consommateurs de faire leurs emplettes à tout moment et en tout lieu. Ainsi, pour bénéficier de cette vague, les plateformes d'e-commerce doivent s'assurer que leurs sites web sont non seulement compatibles mobile, mais également optimisés pour garantir une expérience utilisateur fluide et intuitive.

Parallèlement, l'intelligence artificielle et l'apprentissage automatique se sont profondément ancrés dans le paysage du commerce en ligne, transformant la manière dont les entreprises interagissent avec leurs clients. Les chatbots, par exemple, sont devenus des acteurs essentiels du service client en ligne, offrant des réponses instantanées aux requêtes des consommateurs et améliorant ainsi l'expérience utilisateur générale. De plus, ces technologies permettent une personnalisation accrue des offres proposées aux clients, en analysant leurs comportements d'achat antérieurs pour suggérer des produits adaptés à leurs préférences. Cette personnalisation crée un sentiment de satisfaction et de fidélisation accru chez les clients qui se sentent compris et valorisés.

Le concept de durabilité et d'éthique se fraie également un chemin dans le domaine de l'e-commerce. Les consommateurs actuels, de plus en plus soucieux de l'impact environnemental et social de leurs achats, exigent des entreprises qu'elles adoptent des pratiques responsables et transparentes. Cela se traduit par une pression croissante pour que les e-commerçants réduisent leur empreinte écologique, qu'il s'agisse de l'optimisation de la chaîne logistique pour minimiser les émissions de carbone, de la réduction des emballages plastiques, ou de l'adoption de méthodes de production éthiques.

Les stratégies de livraison ont aussi évolué pour devenir un aspect déterminant de la compétition dans le secteur de l'e-commerce. L'expédition rapide et fiable est désormais une norme à laquelle tous les acteurs doivent se conformer. Les options de livraison, telles que la livraison le jour même ou dans l'heure, ne sont plus de simples avantages, mais des attentes des clients, en particulier dans les zones urbaines avec une forte densité de population. Cette tendance pousse les entreprises à revoir leurs opérations logistiques et à adopter des solutions innovantes, comme l'utilisation de drones pour les livraisons ou encore la mise en place de relais-points pour faciliter la récupération des colis.

En outre, l'intégration des réseaux sociaux dans la stratégie commerciale transforme l'e-commerce en social commerce. Les plateformes comme Instagram ou Facebook permettent aux entreprises de vendre leurs produits directement via des postes ou des stories engageantes. Cette tendance, qui capitalise sur le pouvoir de recommandation et l'influence des réseaux sociaux, offre une occasion unique aux marques de connecter plus étroitement leurs stratégies de marketing et de vente.

Une autre tendance marquante réside dans l'avènement du paiement numérique qui redéfinit les normes de transactions sécurisées et rapides. Les portefeuilles numériques, les cryptomonnaies, et les plateformes de paiement électroniques comme PayPal ou Apple Pay simplifient le processus de paiement, rendant l'acte d'achat encore plus fluide et sûr, tout en offrant aux consommateurs la commodité qu'ils recherchent.

Enfin, au niveau global, la montée en puissance de la réalité augmentée (RA) et de la réalité virtuelle (RV) signale une avancée dans l'expérience d'achat en ligne, bien que cela soit encore en pleine expansion. Ces technologies transforment la manière dont les consommateurs interagissent avec les produits avant de les acheter, en leur permettant d'essayer virtuellement des vêtements ou de visualiser comment des meubles s'intègreraient dans leur propre espace de vie. Cette immersion virtuelle favorise une interaction plus riche et peut éliminer certaines incertitudes liées à l'achat en ligne.

Collectivement, ces tendances redéfinissent le secteur de l'e-commerce alors que les entreprises cherchent à adopter de nouvelles technologies et à repenser leurs opérations pour répondre aux attentes croissantes des consommateurs. La capacité à s'adapter rapidement et à intégrer ces innovations de manière stratégique déterminera largement le succès des entreprises qui cherchent à prospérer dans cet environnement commercial numérique dynamique et évolutif.

Chapitre 2
Définir votre niche de marché.

Importance de choisir une niche

Dans le contexte de lancer un e-commerce avec un budget nul, définir une niche de marché revêt une importance capitale. Le choix judicieux d'une niche est souvent le fondement d'une entreprise réussie, en particulier lorsque les ressources financières sont limitées. Une niche bien choisie vous permet non seulement de concentrer vos efforts marketing, mais également de créer des offres de produits ou de services spécifiquement via des plateformes gratuites, ce qui vous distingue dans un marché souvent saturé.

Se positionner dans une niche permet de mieux cerner les besoins spécifiques d'un groupe ciblé de clients, ce qui est essentiel pour l'élaboration d'une stratégie marketing efficace avec des moyens limités. La compréhension des désirs, des requis et des habitudes des consommateurs qui composent votre niche vous offre la capacité de développer des produits ou des solutions qui résonnent personnellement avec eux. Dans une ère où la personnalisation est clé, l'attention portée aux détails spécifiques de votre public cible vous assure non seulement de capter leur intérêt, mais aussi de le maintenir pour favoriser la loyauté de la clientèle.

De plus, cibler une niche réduit la concurrence directe rencontrée par les grandes centrales de l'e-commerce, qui ont des moyens comparativement illimités pour attirer un large segment de marché. Bien entendu, cela ne signifie pas l'absence totale de compétition, mais elle est généralement plus concentrée et potentiellement moins intense, ce qui offre une opportunité d'établir une autorité dans un secteur restreint où vous êtes mieux à même de démontrer une expertise approfondie. Une présence établie comme spécialiste dans un domaine précis peut aussi conduire à un bouche-à-oreille positif, crucial pour un lancement basé uniquement sur la qualité des échanges clients.

Concentrer vos efforts sur une niche vous permet également de maximiser votre impact, chaque action marketing ayant le potentiel de toucher directement les consommateurs les plus susceptibles d'être intéressés par vos produits ou services. Une approche ciblée vous offre la flexibilité de vous engager avec votre clientèle potentielle de façon plus personnelle, souvent grâce aux outils numériques gratuits comme les réseaux sociaux et les forums de discussion en ligne. Ces plateformes, généralement sans coût, fournissent un espace pour partager votre savoir-faire et améliorer votre visibilité auprès d'une audience déjà intéressée par votre domaine d'activité.

Afin de minimiser le risque d'échec, il est impératif que l'idée de niche soit bien réfléchie et validée avant le lancement officiel. Ce processus commence par l'évaluation de la demande pour les produits ou services au sein de la niche envisagée. En l'absence de fonds publicitaires, une validation préliminaire peut s'appuyer sur des sondages gratuits et l'engagement dans des groupes en lien avec votre niche sur des réseaux sociaux. Écouter, apprendre et s'engager avec ce groupe avant le lancement réduit le risque d'offrir un produit peu désirable. La validation de la niche assure que vos efforts initiaux produisent un rendement mesurable, maximisant ainsi l'efficacité de votre démarrage.

Enfin, travailler dans une niche apporte une satisfaction personnelle et professionnelle pour l'entrepreneur. En comprenant intimement et en partageant la passion de votre niche, vous vous placez naturellement en tant que partenaire et allié de votre clientèle. Ceci est particulièrement important quand les marges sont minces, car la motivation tirée de faire ce que l'on aime donne souvent l'énergie nécessaire pour persévérer face aux défis inhérents à l'entrepreneuriat.

En conclusion, choisir une niche est une stratégie avérée pour quiconque souhaite lancer un e-commerce sans budget. Elle maximise votre potentiel d'impact marketing, réduit la concurrence, et vous permet d'atteindre et de fidéliser une clientèle dont vous comprenez les besoins à un niveau profond. Ainsi, vous forgez non seulement une entreprise gestionnaire de profit, mais vous façonnez également une communauté autour d'intérêts partagés, essentielle pour la promotion organique et l'expansion future. Plonger dans la recherche et la validation de votre niche est le premier pas vers une présence en ligne significative et une croissance pérenne, ancrée dans l'authenticité et la pertinence.

Comment rechercher des opportunités de niche

Rechercher des opportunités de niche est une étape cruciale dans le processus de lancement d'un e-commerce réussissant avec un investissement initial nul. Le choix d'une niche bien définie vous permet de cibler une clientèle spécifique et de vous démarquer sur un marché souvent saturé. Trouver une niche prometteuse requiert une réflexion approfondie, une bonne portion de créativité, et une capacité d'analyse critique des données de marché disponibles.

Pour déceler les opportunités de niche, commencez par observer les tendances courantes et les changements subtils dans les comportements des consommateurs. Ces dynamiques peuvent être explorées à travers des outils en ligne gratuits comme Google Trends, qui vous permettent de scruter l'évolution des recherches liées à divers produits et services sur de longues périodes. Les plateformes de médias sociaux constituent également une mine d'or pour observer ces tendances, où les discussions, les mentions hashtag et les groupes spécialisés révèlent souvent des préférences émergentes et non exploitées.

Au-delà des tendances, l'écoute active des consommateurs est primordiale. Engagez-vous dans des forums, complétez des enquêtes, et lisez les commentaires et retours sur des produits similaires proposés par d'autres entreprises. Quelles frustrations les clients expriment-ils régulièrement? Quelles suggestions proposent-ils qui ne sont pas encore satisfaites dans l'offre actuelle? Prêter attention à ces détails peut ouvrir des portes vers des niches peu encombrées.

Parallèlement à cela, prenez le temps d'explorer vos passions personnelles ou vos compétences spécifiques. Choisir une niche où vous avez déjà une connaissance ou un talent inné peut non seulement passionner votre clientèle potentielle mais aussi maintenir votre motivation à long terme. Une passion partagée entre vous et vos clients crée souvent une base de fidélité solide et durable.

En outre, étudiez attentivement le marché pour identifier des besoins insatisfaits ou mal servis. L'astuce consiste à trouver des produits ou services qui peuvent être améliorés avec une touche unique ou adaptés de manière à combler un vide existant. Ce type de recherche nécessite souvent de penser au-delà des solutions évidentes et d'envisager comment une simple innovation – comme un changement de design, une intégration technologique ou la personnalisation du produit – pourrait faire toute la différence.

Ensuite, l'utilisation de mots-clés spécifiques à votre secteur sera essentielle. Exploitant des outils de planification de mots-clés comme ceux offerts par Google, vous pouvez analyser la fréquence de recherche de termes liés à vos idées de niche ainsi que la concurrence associée. Cela vous aidera non seulement à comprendre la demande potentielle mais aussi à évaluer la saturation du marché. Des termes très recherchés avec une faible concurrence pourraient indiquer une opportunité viable pour votre e-commerce.

Les plateformes de vente en ligne elles-mêmes, telles qu'Amazon ou eBay, peuvent délivrer des indices précieux. Examinez les catégories les plus vendues ainsi que les recommandations des clients pour découvrir des besoins non comblés. Notez les produits qui sont fréquemment achetés ensemble ou ceux qui suscitent des commentaires enthousiastes. Ces indices peuvent vous aider à comprendre ce que les consommateurs apprécient réellement et recherchent peut-être encore plus activement.

Penser local peut aussi ouvrir des avenues inexplorées. Investiguer votre communauté locale pour découvrir ce qui est unique à cette région ou quels besoins particuliers ne sont pas encore comblés par les grandes entreprises peut déboucher sur une niche lucrative. Un commerce local, bien qu'en ligne, peut jouir d'une non-concurrence grâce à des spécificités régionales et un sens de communauté intégré.

Finalement, ne négligez pas l'importance de privilégier un réseau de contacts solides et variés. Les conversations avec divers intervenants – qu'ils soient amis, mentors, ou membres d'associations professionnelles – peuvent souvent révéler des points de vue que vous n'aviez pas envisagés. Ce sont les échanges et discussions qui inspirent les idées surprenantes et aident à réfléchir hors des sentiers battus.

En somme, la recherche d'une opportunité de niche est un processus actif et itératif qui demandera un engagement continu envers l'observation, l'écoute, et l'analyse précise des divers paramètres en jeu. Avec ces bases solides, vous serez sur le chemin pour établir une activité de e-commerce innovante et pérenne sans nécessiter de lourds investissements financiers.

Évaluer la concurrence dans votre niche

Évaluer la concurrence dans votre niche est une étape cruciale lorsque vous envisagez de lancer votre e-commerce avec un budget initial de zéro euro. Comprendre qui sont vos concurrents, comment ils opèrent et de quelle manière ils ont réussi à bâtir leur entreprise peut vous fournir des informations précieuses pour mieux vous positionner sur le marché. Tout d'abord, il est essentiel de se familiariser avec le paysage concurrentiel de votre niche. Cela implique une analyse approfondie des entreprises qui ciblent la même audience et offrent des produits similaires aux vôtres. Commencez par identifier les leaders du marché et observez comment ils ont établi leur présence en ligne ainsi que les stratégies qu'ils ont mises en œuvre pour attirer et fidéliser leurs clients. Cet exercice vous permettra de déceler des tendances, des tactiques efficaces, mais également des lacunes dans leurs offres que vous pourriez exploiter pour vous distinguer.

Après avoir identifié vos principaux concurrents, focalisez-vous sur leur offre de produits. Examinez la gamme de produits qu'ils proposent, leurs prix, la qualité perçue et les différents avis clients. Cela vous aidera non seulement à comprendre ce qui fonctionne bien dans votre niche, mais aussi à identifier des opportunités pour proposer quelque chose de différent ou de mieux. Peut-être existe-t-il une demande non satisfaite que vous pourriez combler en apportant une innovation mineure ou en offrant un service client supérieur. L'analyse des avis clients peut également vous fournir des indices précieux sur ce que les consommateurs recherchent ou souhaitent améliorer chez ces marques.

Par ailleurs, ne négligez pas l'observation des pratiques publicitaires et marketing de vos concurrents. Analysez comment ils se positionnent sur les moteurs de recherche, les médias sociaux et les autres plates-formes en ligne. Étudiez leur utilisation des mots-clés pour le référencement, la nature des contenus qu'ils partagent, les canaux de communication les plus exploités, ainsi que leur style de communication avec les clients, qu'il s'agisse d'e-mails marketing, de posts bien conçus sur les réseaux sociaux ou de vidéos engageantes. Chaque détail compte et votre capacité à extrapoler des techniques qui pourront être adaptées et innovées pour votre propre business pourrait vous donner une longueur d'avance.

Un aspect souvent sous-estimé dans l'évaluation de la concurrence est la culture d'entreprise et les relations qu'ils entretiennent avec les clients et influenceurs. Un concurrent qui a établi une forte loyauté client ou qui collabore avec des influenceurs dans votre niche a probablement mis en place des stratégies efficaces pour se connecter avec son audience cible. Observer le niveau d'interaction et de satisfaction client visible sur les forums et réseaux peut donner des indications sur les attentes des clients et comment elles sont gérées par vos concurrents. Apprenez des succès et des échecs que vous pouvez observer afin d'éviter les pièges communs et de vous inspirer des succès éprouvés.

Enfin, évaluer la concurrence implique également de comprendre comment l'écosystème juridique et économique affecte votre niche. Cela inclut la reconnaissance des barrières à l'entrée du marché, telles que la réglementation, la propriété intellectuelle ou les contraintes logistiques qui pourraient influencer le flux des opérations. Prenez également en considération l'analyse des tendances macroéconomiques et l'évolution des attentes des consommateurs qui pourraient redéfinir la dynamique concurrentielle. En gardant un œil attentif sur ces éléments, vous pourrez ajuster votre offre et votre stratégie afin de maintenir un avantage compétitif optimal.

En conclusion, l'évaluation de la concurrence dans votre niche n'est pas seulement un exercice d'analyse. C'est un moyen de comprendre profondément le fonctionnement du marché et de tracer les contours de votre stratégie commerciale, même avec zéro euro de budget initial. Cette connaissance vous aidera à non seulement remplir un vide sur le marché mais aussi à enrichir votre offre avec une profondeur et une pertinence que vos futurs clients ne manqueront pas de remarquer.

Valider votre idée de niche

Lorsqu'il s'agit de lancer un e-commerce, la validation de votre idée de niche est une étape cruciale qui peut déterminer le succès de votre entreprise. C'est un processus qui vous permet de confirmer qu'il existe une demande réelle pour vos produits ou services avant d'investir du temps et des efforts considérables dans le développement de votre e-commerce. La validation de votre niche repose essentiellement sur la compréhension des besoins et des désirs de votre marché cible, ainsi que sur l'évaluation des aspects pratiques de votre idée entrepreneuriale. Elle commence par l'identification d'un problème spécifique au sein de votre domaine choisi. Cela peut être un besoin non satisfait, une frustration récurrente ou une lacune dans les offres actuelles. Une fois ce problème cerné, il est essentiel de recueillir des informations tangibles pour soutenir votre hypothèse supposant l'intérêt potentiel pour votre produit ou service.

Pour ce faire, une approche efficace est de dialoguer directement avec votre public cible. Les outils numériques d'aujourd'hui, tels que les sondages en ligne, les groupes de discussion sur les réseaux sociaux ou les forums spécialisés, se révèlent très utiles pour comprendre les attentes des consommateurs. Interviewer potentiellement vos futurs clients peut également apporter des perspectives précieuses sur la manière dont ils perçoivent votre proposition de valeur. Il est également crucial de s'intéresser aux tendances et aux évolutions du marché pour détecter des indices pouvant conforter la validité de votre idée. En particulier, exploiter des outils d'analyse de tendances en ligne, tels que Google Trends, peut vous fournir un aperçu clair des recherches populaires liées à votre niche au fil du temps, validant ainsi l'existence d'un intérêt suffisant pour justifier le développement de votre activité.

Dans cette phase de validation, l'analyse concurrentielle joue un rôle déterminant. Observer ce que font vos potentiels compétiteurs, notamment ceux qui réussissent dans votre niche visée, peut révéler des informations vitales sur les stratégies gagnantes ainsi que sur les lacunes que votre entreprise pourrait combler. Repérer les leaders de votre niche précise quels segments de marché sont plébiscités et où résident les opportunités inexploitées qui attendent d'être saisies. En outre, inspecter les avis clients et les témoignages relatifs aux produits concurrents peut fournir une mine d'informations sur ce qui fonctionne bien ou ce qui pourrait être amélioré. Collecter ces données dispose une base solide pour adapter votre offre de manière à surclasser ou différencier votre présence par rapport aux offres existantes.

L'avantage d'opérer un e-commerce avec un budget initial inexistant est l'obligation de faire preuve de créativité dans votre approche et de maximiser les ressources accessibles. Effectuer un test à petite échelle de votre marché peut être une stratégie idéale pour valider votre niche sans engager de fonds importants. Créer une page de destination ou un site Web minimaliste servant à recueillir des précommandes ou à mesurer l'intérêt initial pour vos produits est une méthode éprouvée pour obtenir des retours directs des consommateurs et évaluer la viabilité de votre idée. En annonçant votre produit ou service à venir, avec des options de réservation ou d'inscription anticipée, vous pouvez évaluer la volonté des clients potentiels à passer à l'action.

Parallèlement, les plateformes de publicité gratuite en ligne, comme les groupes Facebook ou les forums de discussion pertinents, offrent un terrain de test précieux pour interagir avec des clients potentiels. Tester différentes approches de vente, messages marketing ou positionnements de marque peut offrir une perception affinée de ce qui séduit véritablement votre public cible. À ce stade, l'important n'est pas nécessairement de réaliser des ventes immédiates mais de s'assurer que votre idée résonne avec votre audience et qu'elle suscite l'engagement et l'intérêtavertis avant tout de construire une base solide pour le développement futur de votre entreprise e-commerce.

En synthèse, valider votre idée de niche se résume à réduire au maximum l'incertitude avant de vous lancer pleinement. L'analyse des besoins des consommateurs, la compréhension des tendances actuelles, l'observation concurrentielle, ainsi que l'expérimentation directe avec votre marché cible, constituent des étapes essentielles pour garantir que votre proposition de valeur trouve une résonance adéquate dans le contexte concret du marché. Grâce à cette approche réfléchie, vous pouvez aborder votre épopée entrepreneuriale avec un degré de certitude accru, prêt à convertir votre idée en un concept commercial rentable et impactant au sein de votre niche choisie, tout en vous ouvrant des perspectives de croissance durable.

Chapitre 3
Créer une présence en
ligne sans coût.

Choisir la bonne plateforme de vente

Lorsqu'il s'agit de lancer son e-commerce avec un budget nul, le choix de la plateforme de vente est d'une importance cruciale. C'est une décision stratégique qui peut déterminer la réussite ou l'échec de votre entreprise en ligne. Heureusement, il existe plusieurs plateformes qui permettent de bien commencer sans nécessiter de fonds initiaux. Pour choisir la meilleure option, il est essentiel de comprendre vos besoins spécifiques, d'analyser les fonctionnalités proposées et de les aligner avec vos objectifs commerciaux.

Tout d'abord, réfléchissez au type de produit que vous souhaitez vendre et au volume de ventes que vous anticipez. Certains entrepreneurs optent pour des plateformes généralistes, qui offrent un large public et une visibilité accrue, ce qui est idéal si votre produit s'adresse à une vaste audience. D'autres plateformes, en revanche, sont spécialisées et peuvent offrir des fonctionnalités spécifiques plus adaptées à des niches de marché précises, comme l'artisanat ou les produits technologiques.

L'un des choix les plus populaires pour démarrer est d'utiliser les places de marché établies comme eBay ou Amazon. Ces plateformes sont souvent accessibles gratuitement et ne requièrent pas de frais mensuels fixes, seulement des commissions sur les ventes réalisées. Elles vous permettent de capitaliser sur leur notoriété et leur infrastructure logistique pour atteindre un public déjà existant. Cela signifie que vous pouvez immédiatement bénéficier de leur trafic élevé, ce qui est un atout indéniable lorsque l'on débute. Toutefois, gardez à l'esprit que la concurrence est également plus forte sur ces plateformes, ce qui peut nécessiter un effort supplémentaire pour vous démarquer et maximiser vos marges.

Pour ceux qui préfèrent avoir plus de contrôle sur l'expérience client et éviter les commissions, des solutions comme Wix ou WordPress avec WooCommerce sont intéressantes. Bien qu'il y ait parfois des coûts associés à l'extension de certaines fonctionnalités, ces plateformes offrent une version de base gratuite tout en fournissant une grande flexibilité en matière de design et de personnalisation. Elles vous permettent de créer un site plus unique, ce qui peut être crucial pour établir votre marque, surtout à long terme. Le principal défi ici réside dans l'acquisition de trafic, car il ne sera pas généré automatiquement. Toutefois, cette stratégie accepte pleinement le défi d'une autonomie totale sur votre site.

Shopify mérite également d'être mentionné en tant que plateforme adaptée aux débutants. Elle propose des essais gratuits qui peuvent s'avérer utiles pour tester les eaux sans engagement initial. Bien que Shopify facture généralement des frais mensuels, le large éventail de fonctionnalités proposées, de l'intégration simplifiée des paiements à la gestion de l'inventaire, peut en faire un investissement rentable rapidement. L'interface conviviale de Shopify simplifie la gestion d'un site de vente en ligne, ce qui est particulièrement avantageux si vous ne disposez pas de compétences techniques avancées.

Outre ces options, il est crucial de prendre en compte les aspects logistiques et juridiques de la gestion d'un e-commerce. Certaines plateformes proposent des solutions intégrées pour l'expédition et la taxe de vente, simplifiant ainsi la gestion opérationnelle de votre boutique. L'accessibilité mobile est un autre facteur important à considérer. Avec un nombre croissant d'achats effectués via des appareils mobiles, il devient impératif que votre plateforme permette une excellente expérience utilisateur sur mobile.

Pour maximiser le potentiel de votre e-commerce sans budget, il est également conseillé de tirer parti des options gratuites pour les aspects complémentaires de votre activité. Par exemple, associez votre plateforme de vente avec des outils gratuits de marketing par e-mail comme Mailchimp, qui vous permettront de commencer à constituer et gérer votre liste de clients efficacement sans coûts supplémentaires. L'automatisation des mails et l'envoi de newsletters peuvent considérablement aider à maintenir l'engagement avec votre clientèle tout en les informant des nouveautés et promotions.

Ainsi, bien choisir la plateforme de vente est une démarche qui ne doit pas être précipitée. En examinant attentivement les différentes options et en évaluant les fonctionnalités dont vous avez réellement besoin en fonction de vos ressources et de vos objectifs, vous pouvez vous donner les meilleures chances de succès sans engager de frais initiaux. Une bonne plateforme est non seulement celle qui facilite la vente de vos produits, mais qui soutient également la croissance de votre entreprise en ligne au quotidien, tout en restant en harmonie avec les limitations financières que vous vous êtes fixées. La clé est de rester flexible et prêt à adapter vos choix à mesure que votre entreprise évolue et que de nouvelles opportunités se présentent.

Utiliser les réseaux sociaux pour la visibilité

Dans l'ère numérique d'aujourd'hui, les réseaux sociaux offrent une myriade d'opportunités aux entrepreneurs débutants souhaitant donner de la visibilité à leur e-commerce, sans dépenser un seul centime. Ces plateformes possèdent une portée mondiale, permettant aux petites entreprises de toucher un vaste public cible, souvent en seulement quelques clics. Dans ce contexte, savoir utiliser habilement les réseaux sociaux pour promouvoir son e-commerce est non seulement avantageux, mais aussi indispensable. Le premier pas vers une visibilité efficace consiste à choisir les plateformes les plus appropriées pour votre niche et votre clientèle cible. Pour réussir, il est crucial de connaître profondément votre clientèle idéale et d'identifier où elle passe le plus de temps. Par exemple, une entreprise qui vend des articles de mode pourrait se concentrer sur des plateformes esthétiques comme Instagram ou Pinterest, tandis que celles qui ciblent d'autres professionnels ou les consommateurs plus business pourraient tirer parti de LinkedIn.

Une fois que vous avez identifié les plateformes pertinentes, votre prochain défi consiste à créer une présence engageante. Cela commence par l'optimisation de votre profil. Assurez-vous que le nom de votre e-commerce est clair et reconnaissable, et établissez une biographie concise mais captivante qui synthétise l'essence de votre marque. Utilisez une photo de profil qui soit professionnelle et au format adapté, généralement votre logo, qui reste cohérent sur toutes les plateformes pour renforcer votre identité visuelle. La cohérence dans vos publications joue également un rôle déterminant. En postant régulièrement du contenu de qualité, vous pouvez instaurer une routine que vos abonnés apprendront à anticiper et à apprécier. Toutefois, la régularité ne doit pas se faire aux dépens de la qualité. Vos publications doivent non seulement promouvoir vos produits, mais aussi apporter une réelle valeur ajoutée à vos followers. Cela peut se faire par le partage d'articles de blog utiles, de tutoriels, de conseils et d'astuces ou même d'interactions avec des clients satisfaits qui peuvent promouvoir votre marque sans frais supplémentaires via leurs réseaux.

Interagir avec votre audience est tout aussi crucial que de poster régulièrement. Les réseaux sociaux ne sont pas une voie à sens unique. Pour créer un lien fort et authentique avec vos followers, il est essentiel d'être réactif. Répondez aux commentaires et aux messages privés, remerciez vos clients pour leurs retours et encouragez les dialogues ouverts. Cette interaction démontre que derrière l'écran, il y a des personnes, renforçant la relation entre clients et entreprise, et donc, augmentant la fidélité à la marque. Une méthode efficace pour capter l'attention consiste également à utiliser des stories et des sessions de direct. Ces moyens permettent de montrer une facette plus humaine et spontanée de votre entreprise.

En outre, envisagez d'utiliser les fonctionnalités interactives des médias sociaux, comme les sondages, les questions et les directs. Elles permettent non seulement d'engager votre public mais aussi d'obtenir des retours précieux sur ce qui fonctionne ou non pour votre audience. Les retours peuvent être une source d'information inestimable pour ajuster vos stratégies marketing. De plus, l'organisation de concours et de giveaways dispose d'un attrait indéniable, favorisant une augmentation exponentielle de votre visibilité. Bien exécutés, ces événements peuvent inciter votre communauté à engager davantage d'interaction et d'attraction autour de votre marque.

N'oubliez pas non plus la puissance du contenu généré par les utilisateurs. Encouragez vos clients à partager des photos de leurs achats avec votre marque en taguant votre entreprise ou en utilisant des hashtags spécifiques créés pour mettre en avant votre logo ou votre nom de marque. Non seulement ce type de contenu encourage une connexion authentique avec votre communauté, mais il agit également comme une preuve sociale, augmentant instantanément la confiance d'autres potentiels consommateurs. Enfin, bien que posséder une stratégie de contenu solide soit fondamental, explorer des collaborations stratégiques peut également s'avérer payant. Approchez des influenceurs bien alignés avec vos valeurs de marque et votre niche. Ils peuvent vous apporter une crédibilité immédiate et une reconnaissance de marque accrue.

Certains d'entre eux peuvent être ouverts à des collaborations non rémunérées en échange de produits gratuits, augmentant ainsi vos chances d'engagement. En conclusion, si le monde des réseaux sociaux est riche en opportunités inestimables pour lancer et faire croître votre e-commerce avec un budget nul, il nécessite toutefois un investissement significatif en temps et en énergie. La clé réside dans la compréhension de votre audience, la création de contenu pertinent et captivant, et le maintien de conversations bidirectionnelles qui encourageront la fidélisation et l'engagement soutenus de votre base de clients

Créer un blog pour attirer du trafic

Créer un blog pour attirer du trafic vers votre e-commerce peut sembler une tâche herculéenne, mais c'est en vérité l'un des moyens les plus efficaces et ingénieux d'attirer des visiteurs sans coût initial. Imaginez votre blog comme un écosystème vivant, vibrant, qui attire naturellement les gens intéressés par vos offres et qui nourrit leur engagement jusqu'à l'achat. Le potentiel du blogging réside dans sa capacité à établir une relation de confiance avec vos lecteurs, en partageant des informations précieuses, en racontant des histoires captivantes et en répondant aux questions courantes des consommateurs.

Pour commencer, la première étape consiste à identifier votre public cible et à comprendre ce qui suscite son intérêt. En connaissant les besoins, les préoccupations et les désirs de votre audience, vous serez en mesure de créer du contenu pertinent et engageant. Envisagez de vous adresser directement à leurs problèmes spécifiques ou de partager vos propres expériences en lien avec votre niche de marché. Par exemple, si votre e-commerce vend des produits de bien-être, votre blog pourrait explorer des sujets allant de la santé mentale à la nutrition, offrant des conseils pratiques et de l'inspiration à vos lecteurs.

Le choix des sujets pour votre blog est crucial. Vous devez viser à créer un équilibre entre le contenu axé sur l'engagement émotionnel et le contenu informatif. Les articles narratifs, qui racontent des histoires personnelles ou des anecdotes intrigantes, ont souvent un impact émotionnel puissant. D'autre part, les guides pratiques et les tutoriels qui explicitent comment résoudre un problème particulier de votre audience peuvent renforcer votre autorité en tant qu'expert dans votre secteur. Par exemple, un guide sur "Comment mettre en place une routine de bien-être matinale" peut non seulement apporter des conseils utiles mais aussi introduire subtilement vos produits comme des solutions pertinentes.

La consistance et la régularité dans la publication de vos articles sont également des éléments déterminants pour attirer et maintenir un flot constant de trafic. S'engager à publier régulièrement signale aux moteurs de recherche que votre site est actif, améliorant ainsi votre classement dans les résultats de recherche et augmentant votre visibilité. De plus, cela crée une anticipation chez vos lecteurs, qui reviendront régulièrement pour découvrir de nouveaux contenus. Vous n'avez pas besoin de publier tous les jours; une post hebdomadaire bien élaborée suffit pour captiver un public fidèlement loyal.

Une fois que vous avez créé du contenu de qualité, l'étape suivante est de maximiser la visibilité de votre blog. L'optimisation pour les moteurs de recherche (SEO) est essentielle à cet égard. En intégrant des mots-clés pertinents pour votre secteur dans vos articles, vous pouvez améliorer leur classement dans les résultats de recherche organiques. Créons par exemple un article autour des "Bienfaits des huiles essentielles pour un meilleur sommeil" si votre e-commerce propose des produits aromathérapeutiques, en veillant à inclure à la fois des termes populaires et des expressions longues que vos clients potentiels pourraient rechercher.

Les réseaux sociaux jouent également un rôle fondamental dans le relais des articles de votre blog. Partager systématiquement vos publications sur des plateformes clés comme Facebook, Instagram ou Pinterest, selon l'endroit où votre public cible est le plus actif, peut considérablement enrichir votre audience et dynamiser le trafic de votre site e-commerce. Accompagnez vos posts de visuels attrayants pour capter l'attention et incluez des appels à l'action qui incitent les gens à lire l'article complet.

Engager avec votre public est un autre aspect important pour construire et fidéliser votre audience. Encourager les commentaires sur vos articles permet non seulement de démontrer que vous êtes à l'écoute de vos lecteurs, mais vous fournit également des idées pour du contenu futur. Répondez toujours aux commentaires de manière authentique, apportant des conseils complémentaires ou même des solutions personnalisées, ce qui renforcera vos liens et encouragera davantage d'interactions.

Finalement, ne sous-estimez pas le pouvoir du marketing de contenu collaboratif. En nouant des partenariats avec d'autres blogueurs ou influenceurs dans votre domaine, vous pouvez élargir votre portée. Des collaborations peuvent inclure des posts d'invités, où vous écrivez un article pour un autre blog ou vice versa, élargissant ainsi votre audience. Ces approches peuvent transformer votre blog en un aimant à trafic engageant, attirant de manière organique des acheteurs potentiels vers votre e-commerce, prouvant qu'avec créativité et stratégie, zéro budget peut vraiment se transformer en une grande opportunité.

Exploiter le marketing de contenu gratuit

Exploiter le marketing de contenu gratuit est une stratégie astucieuse et essentielle pour quiconque cherche à lancer son e-commerce sans débourser un sou. Dans le monde numérique actuel, où la création de contenu est à la portée de tous, il est crucial de comprendre comment tirer parti des outils gratuits disponibles pour maximiser la visibilité de votre commerce électronique. Le marketing de contenu consiste à créer et partager du contenu de qualité, pertinent et engageant pour attirer et fidéliser un public bien défini. C'est une manière d'établir une connexion authentique avec vos clients potentiels, de construire une communauté autour de votre marque, et en fin de compte, de stimuler les ventes sans avoir à investir massivement dans la publicité payante.

La première étape pour exploiter le marketing de contenu gratuit consiste à connaître votre audience cible. Qui sont vos clients idéaux ? Quelles sont leurs préférences, leurs intérêts et leurs défis ? Comprendre ces éléments vous permettra de créer du contenu qui résonne avec eux et capte leur attention. En définissant vos personas d'acheteurs, vous serez mieux préparé à développer un contenu qui répond spécifiquement à leurs besoins et qui les attire naturellement vers votre boutique en ligne.

Une fois que vous avez une compréhension claire de votre public, il est temps de créer un contenu qui suscite l'intérêt et génère de la valeur. Le contenu peut prendre diverses formes : articles de blog, vidéos, infographies, podcasts ou encore newsletters par courriel. L'important est que ce contenu soit de haute qualité et qu'il offre quelque chose d'utile à votre audience. Par exemple, si vous vendez des produits de beauté naturels, vous pourriez créer un blog qui partage des conseils de beauté, des tutoriels de maquillage ou des interviews avec des experts de l'industrie. Ce type de contenu non seulement informe et éduque votre audience, mais il renforce aussi votre crédibilité en tant qu'expert dans votre domaine.

Le contenu visuel est également une composante clé du marketing de contenu. Les images, vidéos et infographies sont incroyablement engageantes et ont la capacité de capturer l'attention des utilisateurs en un instant. Les plateformes de médias sociaux comme Instagram, Pinterest et TikTok sont particulièrement efficaces pour partager ce type de contenu. Créez des vidéos démontrant l'utilisation de vos produits, concevez des infographies explicatives ou organisez des sessions live pour interagir directement avec votre audience. Ces éléments visuels peuvent grandement influencer l'engagement de votre audience et inciter au partage sur les réseaux sociaux, augmentant ainsi votre portée et votre visibilité de manière organique.

Un aspect souvent négligé mais crucial du marketing de contenu est la recherche de mots-clés. En comprenant quels termes votre audience utilise pour rechercher des produits ou des solutions en ligne, vous pouvez optimiser votre contenu pour qu'il apparaisse dans les résultats de recherche pertinents. Utilisez des outils gratuits comme Google Keyword Planner ou Ubersuggest pour identifier ces mots-clés et intégrer-les naturellement dans vos titres, descriptions et articles de blog. Cela augmentera vos chances d'attirer un trafic qualifié vers votre site sans avoir à payer pour des publicités.

Les collaborations et partenariats sont une autre manière efficace de dynamiser votre marketing de contenu sans coût. Identifiez des influenceurs, blogueurs ou autres entreprises complémentaires à votre activité et explorez des opportunités de collaboration mutuellement bénéfiques. Vous pouvez proposer des échanges de blogs invités, des mentions croisées sur les réseaux sociaux, ou même organiser des événements en ligne communs. Ces partenariats peuvent vous aider à atteindre de nouvelles audiences et renforcer votre crédibilité auprès de votre public déjà existant.

Finalement, n'oubliez pas d'analyser et de mesurer vos efforts de marketing de contenu. Utilisez des outils gratuits comme Google Analytics pour suivre les performances de votre contenu. Quels types de contenu génèrent le plus de trafic ? Où votre audience passe-t-elle le plus de temps ? Quelles publications sont les plus partagées et commentées ? En comprenant ce qui fonctionne, vous pouvez affiner votre stratégie, continuer à publier du contenu de qualité et ainsi maximiser son impact. Le marketing de contenu gratuit demande du temps et de la créativité, mais lorsqu'il est bien exécuté, il peut être une force puissante pour développer votre e-commerce à partir de zéro, sans nécessiter de budget initial.

Chapitre 4
Développer une marque attractive.

Établir votre identité de marque

Établir une identité de marque forte, surtout quand on se lance dans l'e-commerce avec un budget limité, est un défi passionnant qui repose énormément sur la créativité et la compréhension de votre public cible. La première étape pour construire cette identité consiste à se poser les bonnes questions : Qui êtes-vous en tant que marque ? Quels sont vos valeurs et les principes directeurs de votre entreprise ? Vous devez envisager votre marque comme une entité à part entière, pourvue d'une personnalité unique qui la distingue de la concurrence. Même sans ressources financières à disposition, définir une identité de marque claire est crucial car elle devient la base sur laquelle vous allez construire votre relation avec les clients.

Votre identité de marque sera l'émanation de votre mission et de votre vision commerciale. Elle reflète vos promesses envers vos clients et vous guide dans toutes vos actions. Vous devrez réfléchir aux émotions que vous souhaitez évoquer. Ce qui rend votre marque mémorable, ce sont les récits que vous pouvez tisser autour de vos produits ou services. Ces récits doivent captiver et convaincre votre audience de vous choisir parmi mille autres solutions. Pour que votre marque ait un impact fort, elle doit raconter une histoire authentique qui résonne avec ceux que vous tentez d'atteindre.

Dans le monde numérique, la première impression est souvent visuelle. Bien que votre budget ne vous permette pas d'engager des designers prestigieux, il existe une multitude d'outils gratuits qui peuvent aider à créer un logo et des éléments visuels de qualité. Canva, par exemple, offre une belle palette de fonctionnalités, non seulement pour les logos, mais aussi pour l'ensemble des visuels dont vous aurez besoin sur les réseaux sociaux ou votre site.

L'important n'est pas seulement d'avoir un logo attrayant, mais un ensemble cohérent d'éléments graphiques qui se répètent et renforcent l'identité visuelle de votre marque. Pensez à des couleurs qui reflètent les valeurs de votre entreprise et des polices qui soutiennent le ton que vous voulez établir.

Le ton et la voix de votre marque sont la manière dont vous vous adressez à votre clientèle, comment vous vous exprimez sur les différentes plateformes, que ce soit sur votre site internet, vos réseaux sociaux ou même dans vos échanges directs. Déterminer ce ton est crucial. Il peut être amical et simple, sérieux et professionnel, ou encore dynamique et joyeux – cela dépend entièrement du message que vous souhaitez transmettre et du public que vous ciblez. Assurez-vous que votre public comprend et apprécie votre approche. Un ton mal adapté peut éloigner des clients potentiels.

Le développement d'une identité de marque ne serait pas complet sans la création d'un slogan percutant. Ce court énoncé, souvent d'une seule phrase, encapsule l'essence même de votre marque et doit être capable de s'ancrer facilement dans la mémoire des clients. Un bon slogan transmet sans équivoque la valeur de votre offre. Pour le créer, posez-vous des questions simples mais profondes : En quoi votre marque est-elle différenciée ? Qu'espérez-vous inspirer chez vos clients ? Vous risquez de passer par plusieurs versions avant de trouver la perle rare qui correspond parfaitement à vos objectifs.

Se concentrer sur ces aspects fondamentaux de l'identité de marque est une manière puissante d'établir une présence durable et authentique sur le marché. Même sans investissement financier massif, ces éléments représenteront toujours votre marque et impacteront profondément votre capacité à retenir l'attention et à fidéliser votre clientèle. En fin de compte, c'est en restant fidèle à vos valeurs et en vous connectant authentiquement avec votre audience que vous créerez une marque attrayante et solide qui aura l'avantage de se perpétuer au-delà des modes et des tendances passagères. L'impact d'une identité de marque bien définie n'est pas immédiat mais il est durable et constitue le terrain fertile d'une relation de confiance continue avec vos clients, un véritable atout dans votre aventure e-commerce.

Design de logo et éléments visuels gratuits

Dans le vaste domaine de l'e-commerce, posséder une marque reconnaissable et attrayante est crucial. Lorsqu'il s'agit de développer un logo et des éléments visuels associés sans débourser un sou, la créativité et la débrouillardise deviennent vos meilleurs atouts. Heureusement, l'ère numérique offre une multitude de ressources qui vous permettent de réaliser des visuels professionnels à moindre coût. L'objectif est de créer un logo qui incarne l'essence même de votre marque tout en étant facilement reconnaissable et mémorable pour votre clientèle.

La création d'un logo débute par une réflexion approfondie sur votre image de marque. Ce logo doit être le reflet de vos valeurs, de votre mission et du message que vous souhaitez transmettre. Avant de plonger dans le design, prenez le temps de bien définir ces aspects. Quel message voulez-vous que votre logo véhicule ? Quelles émotions souhaitez-vous qu'il évoque ? Répondre à ces questions vous aidera dans votre processus créatif. Une fois que vous avez une vision claire, vous pouvez explorer les nombreux outils de conception gratuits disponibles en ligne.

Des plateformes comme Canva, LogoMakr ou encore Looka offrent une variété impressionnante d'options gratuites. Elles permettent de créer des designs grâce à des interfaces conviviales et intuitives, même pour ceux qui n'ont aucune expérience en design. Sur Canva par exemple, une multitude de modèles pré-conçus sont à votre disposition et peuvent être personnalisés à l'infini pour correspondre à vos goûts et à votre identité. Vous pouvez jouer avec des combinaisons de couleurs, des typographies diverses, et des symboles pertinents jusqu'à ce que vous trouviez le parfait équilibre qui capture l'esprit de votre entreprise.

L'utilisation de couleurs appropriées est un aspect essentiel du design de votre logo. Chaque couleur véhicule une signification différente et évoque des émotions particulières. Ainsi, le rouge peut suggérer la passion et l'énergie, tandis que le bleu évoque la confiance et la sécurité. Prenez soin de choisir une palette de couleurs qui s'harmonise avec le ton et la voix de votre marque. Si vous voulez inspirer confiance, par exemple, des tons plus terreux et fiduciaires peuvent être appropriés. De même, la typographie de votre logo doit être soigneusement sélectionnée. Elle doit non seulement être lisible à différentes tailles, mais aussi refléter le message que vous voulez transmettre, que ce soit la modernité, l'élégance ou la simplicité.

Les éléments visuels, quant à eux, doivent être conçus en harmonie avec votre logo. Les images, icônes et motifs que vous utilisez pour accompagner votre marque doivent renforcer votre logo et compléter votre message de marque. Utiliser des sources telles que Unsplash ou Pexels, qui offrent des images gratuites et de haute qualité, peut être une excellente manière d'ajouter de la valeur visuelle à votre plateforme sans frais. Intégrez ces éléments de manière cohérente à travers tous vos supports numériques, des réseaux sociaux à la présentation de vos produits, pour créer une identité visuelle solide.

Mais créer un logo et des éléments visuels ne se résume pas

simplement à choisir de belles couleurs et formes. L'originalité est primordiale pour se démarquer dans un marché saturé. Vous devez être vigilants à ne pas imiter ou copier les identités visuelles existantes. L'authenticité est ce qui rend votre marque unique. Un logo original attire l'attention et favorise la reconnaissance, car il reste gravé dans l'esprit des consommateurs. Même avec des outils gratuits, ne sous-estimez pas le pouvoir d'une idée originale exprimée à travers un logo simple mais percutant.

Enfin, testez votre logo auprès d'un petit échantillon de votre clientèle cible. Recueillir des retours honnêtes et constructifs peut vous aider à affiner le design avant de le finaliser. En étant à l'écoute des critiques et en utilisant ces retours à bon escient, vous pouvez optimiser votre logo pour qu'il réponde au mieux aux attentes et préférences de vos futurs clients.

En somme, même sans le luxe d'un budget, il est tout à fait possible de développer des éléments visuels qui capturent l'essence de votre marque et la démarquent dans l'environnement compétitif en ligne. En exploitant des ressources gratuites et en appliquant un sens aiguisé de la créativité et de l'authenticité, votre logo ne sera pas simplement une belle image, mais la première impression durable qui séduira et engagera votre audience cible.

Le ton et la voix de votre marque

Le ton et la voix de votre marque sont des éléments essentiels qui définissent comment votre entreprise communique avec le monde extérieur. Ils constituent une partie intégrante de votre identité de marque, reflétant vos valeurs, votre personnalité, et votre positionnement unique dans le marché. Adopter un ton et une voix distincts vous permet non seulement de vous démarquer de vos concurrents, mais aussi de créer une connexion authentique avec votre public cible. Lorsqu'il s'agit de lancer un e-commerce avec un budget de zéro euro, il est crucial de consacrer du temps à développer ces aspects immatériels, car il s'agit de formidables outils qui ne nécessitent aucun investissement financier, mais qui peuvent considérablement augmenter votre capital de marque.

La première étape dans le développement du ton et de la voix de votre marque est de comprendre profondément qui est votre public cible. Chaque groupe démographique, chaque segment de marché a ses préférences en matière de communication. Par exemple, une jeune marque de mode éthique ne communiquera pas de la même manière qu'une entreprise de consulting en technologie pour des entreprises de taille importante. L'écoute de votre audience est cruciale; que ce soit à travers l'observation de la manière dont elle interagit dans les forums et sur les réseaux sociaux ou via des enquêtes directement adressées à vos clients potentiels, l'essence même des attentes et des besoins de vos clients doit transpirer dans votre ton et votre voix. C'est en vous imbibant de ces informations que vous pourrez adopter une communication qui résonne avec ceux que vous désirez attirer vers votre e-commerce.

Une fois ces informations collectées, vous pouvez commencer à façonner le ton de votre marque. Le ton peut être amical et décontracté, professionnel et sérieux, jovial et entraînant, ou encore quelque part entre les deux. Votre choix dépendra de l'image que vous souhaitez renvoyer et de ce que recherche votre clientèle. Si vous vendez des produits destinés à une clientèle jeune, vibrante et créative, peut-être adopterez-vous un ton plus ludique et léger. En revanche, si votre produit s'adresse à un public qui associe la qualité à une forme de sérieux ou d'engagement, un ton plus formel pourrait être plus approprié. Le ton doit s'harmoniser avec les valeurs fondamentales de votre marque, garantissant ainsi une cohérence et une authenticité dans chaque message que vous délivrez.

Ensuite, développons la voix de votre marque. La voix est une expression plus globale et constante de votre marque. Là où le ton peut changer en fonction du contexte - par exemple, un ton plus doux pour une interaction avec un client mécontent et un ton plus animé pour une campagne promotionnelle - la voix reste constante. Elle est l'épine dorsale de votre identité de marque. Prenons l'exemple d'une marque qui place la transparence au cœur de son interaction avec ses clients : le langage utilisé sera simple, direct, sans jargon inutile, inspirant ainsi confiance à vos clients. La voix de votre marque doit être suffisamment solide pour vos communications restent authentiques quel que soit le sujet abordé.

Définir le ton et la voix de votre marque ne se fait pas en un jour, c'est un processus évolutif qui nécessite réflexion et parfois ajustement au fur et à mesure que vous apprenez à mieux connaître votre audience et que votre entreprise se développe. Cela nécessite aussi une grande cohérence : l'ensemble des plateformes où vous vous exprimez doit refléter cette voix unique. Cela signifie que votre site internet, vos courriels, vos interactions sur les réseaux sociaux et même vos collaborations partenaires doivent tous chanter à l'unisson ce que vous souhaitez incarner, offrant ainsi une expérience homogène à votre public.

Être attentif au retour de votre audience peut s'avérer incroyablement précieux lors de la définition de votre ton et de votre voix. Les commentaires, quelles qu'en soient leurs formes, sont d'excellents marqueurs du succès de votre communication actuelle et peuvent signaler la nécessité de changer subtilement d'angle. Souvenez-vous qu'au cœur de toute entreprise prospère se trouvent des clients engagés et fidèles, et que c'est grâce à un ton captivant et à une voix authentique que vous parviendrez à tisser ce lien essentiel. À mesure que vous avancez dans votre aventure e-commerce avec un budget limité, cela sera votre atout majeur dans la promotion et la croissance de votre marque, permettant d'attirer et de construire une communauté passionnée autour de vos produits et de vos valeurs.

Créer un slogan percutant

Créer un slogan percutant est une étape essentielle dans le développement de votre marque. Un bon slogan doit captiver votre audience, condenser vos idées clés et refléter l'essence même de votre commerce. C'est un outil de communication puissant qui doit résumer votre identité de marque en quelques mots simples et mémorables. La création d'un slogan efficace demande une combinaison de créativité, de réflexion stratégique et d'attention aux détails. En première étape, il est crucial de bien comprendre ce que votre marque représente. Interrogez-vous sur ce qui la différencie des autres sur le marché, ses valeurs fondamentales et ce que vous voulez que les clients ressentent en interagissant avec vos produits ou services. Réfléchissez à votre promesse envers vos clients : comment envisagez-vous de transformer leur expérience ? Votre slogan doit se faire le miroir de cette promesse.

Considérez ensuite votre public cible. Un bon slogan doit parler directement à vos clients idéaux, en utilisant un langage et une tonalité qui résonnent avec eux. Il est intéressant d'explorer leur culture, leurs préférences et leurs aspirations. Par exemple, si vous ciblez une clientèle jeune, dynamique et connectée, pensez à employer une langue contemporaine, voire percutante, qui pourrait inclure du langage familier ou des références culturelles actuelles. En revanche, pour une audience plus mature ou professionnelle, optez pour quelque chose de classique et sophistiqué.

L'originalité est un autre pilier d'un bon slogan. Évitez les clichés et les phrases surutilisées comme "Qualité garantie" ou "Le meilleur service". La créativité est la clé pour se démarquer. Recherchez des jeux de mots, des métaphores ou des expressions qui soient à la fois astucieuses et révélatrices de votre activité. Une dose d'humour bien placée peut également apporter du caractère, à condition qu'elle soit en phase avec l'identité de votre marque. Par exemple, si vous vendez des produits écologiques, un slogan qui joue sur les mots autour de la nature et de la durabilité pourrait captiver l'attention de votre public tout en mettant en avant votre engagement.

Simplicité et concision vont de pair. Un slogan doit être suffisamment court pour être facile à mémoriser, mais suffisamment riche pour engendrer un sentiment ou une image forte. Les phrases courtes ou les jeux de mots qui roulent bien sur la langue tendent à mieux s'ancrer dans l'esprit des consommateurs. Gardez à l'esprit que votre slogan doit pouvoir être utilisé aussi bien en ligne que hors ligne et dans divers formats de communication, qu'il s'agisse de votre site web, de vos campagnes sur les réseaux sociaux ou de votre packaging.

Ensuite, testez votre slogan. Lancez différentes options et rassemblez des avis sincères non seulement de votre entourage mais aussi de votre public cible. Observez leurs réactions et ajustez en conséquence. Ne sous-estimez pas le pouvoir d'une rétroaction constructive ; elle peut vous révéler des angles ou des dynamiques que vous n'aviez pas anticipés au départ. Les commentaires peuvent vous guider pour retravailler la structure ou le ton du slogan pour qu'il réponde mieux aux attentes et perceptions de votre clientèle.

Dans le processus de création de votre slogan, il est également important de vérifier sa disponibilité juridique. Un slogan impressionnant mais déjà utilisé par une autre marque peut vous poser des problèmes légaux, surtout si vous envisagez de vous développer. Faites des recherches pour vous assurer que le slogan choisi n'est pas déjà protégé par le droit d'auteur ou une marque déposée.

Enfin, un bon slogan est adapté et adaptable. Il doit accompagner votre stratégie marketing tout en préservant sa pertinence, même si votre business et le marché évoluent. Vous devez avoir la flexibilité de le faire évoluer, sans perdre l'essence de ce qu'il représente. Dans ce sens, voyez votre slogan comme un partenaire vivant dans l'identité de votre e-commerce, prêt à se balancer au gré du temps et des tendances, reflétant à la fois stabilité et innovation.

Créer un slogan percutant est un exercice demandant du temps et de la réflexion, mais l'effort porte ses fruits. Un slogan mémorable a le pouvoir d'ancrer votre marque dans l'esprit public, de construire l'attachement des clients et de vous démarquer dans un marché concurrentiel. En capturant l'esprit de votre entreprise dans une simple phrase, vous posez un solide fondement pour toutes vos activités promotionnelles futures. Embellissez cette partie de votre business avec ingéniosité et enthousiasme, et vous serez bien partis dans le labyrinthe fascinant de l'entrepreneuriat en ligne.

Chapitre 5
Sourcing des produits
sans budget.

Trouver des fournisseurs gratuits ou peu coûteux

Dans un monde où le commerce en ligne est en pleine expansion, trouver des fournisseurs gratuits ou peu coûteux représente un défi majeur mais tout à fait réalisable pour ceux qui sont prêts à faire preuve de créativité et de persévérance. Pour commencer, il est fondamental de comprendre qu'un fournisseur peu coûteux n'implique pas nécessairement une diminution de la qualité des produits. C'est en explorant diverses stratégies que vous pourrez identifier ces partenaires commerciaux idéaux sans avoir à transiger sur la satisfaction de vos futurs clients.

L'un des moyens les plus efficaces pour dénicher des fournisseurs sans grever votre budget est de se tourner vers des plateformes en ligne spécialisées. Ces centres de mise en relation offrent souvent d'excellentes opportunités de collaboration. Des sites comme Alibaba et Aliexpress proposent une vaste gamme de produits à des prix directement sortis d'usines, permettant ainsi d'accéder à des tarifs compétitifs. Cependant, pour ceux qui préfèrent soutenir des producteurs locaux, des plateformes comme Etsy permettent de s'approvisionner en produits artisanaux de qualité tout en restant dans des gammes de prix abordables.

Un autre aspect important est la mise en place de partenariats avec des artisans ou des manufacturiers indépendants. Beaucoup de créateurs cherchent à élargir leur marché sans forcément investir dans des campagnes publicitaires coûteuses. Engager avec eux pour conclure un accord de distribution peut se révéler bénéfique pour les deux parties. Ces collaborations peuvent se baser sur un modèle où vous agissez comme intermédiaire, offrant à ces artisans une visibilité en ligne accrue, pendant que vous bénéficiez d'un approvisionnement de produits uniques sans investissement initial.

En parallèle, le réseautage joue un rôle crucial dans la recherche de fournisseurs abordables. Participer à des salons professionnels gratuits, des foires ou des rencontres informelles dans le domaine de l'e-commerce vous permet de rencontrer directement des vendeurs ou producteurs intéressés par une visibilité accrue. Ces événements, souvent organisés par des chambres de commerce ou des associations professionnelles, offrent une plateforme pour nouer des liens qui pourraient s'avérer précieux dans la négociation de tarifs préférentiels ou de fourniture de produits en consignation, une pratique où vous ne payez le fournisseur qu'une fois le produit vendu.

Un examen approfondi de votre niche est également une stratégie astucieuse pour dénicher des fournisseurs à faibles coûts. En étant informé sur les tendances et les besoins spécifiques de votre marché cible, vous pouvez identifier des créneaux où la concurrence est moindre et où les fournisseurs sont motivés à collaborer sur des termes flexibles. Envisagez de contacter des entreprises lors de leurs phases initiales qui, en cherchant à pénétrer le marché, sont généralement ouvertes à négocier des accords avantageux avec de nouveaux partenaires comme vous.

Enfin, il ne faut pas négliger l'impact du commerce équitable et des produits éthiques. Souvent, des organisations à but non lucratif et des coopératives de producteurs souhaitent étendre leur impact en atteignant de nouveaux marchés par le biais de l'e-commerce. Même si les prix peuvent sembler légèrement plus élevés qu'un produit de masse, les avantages d'une traçabilité garantie et d'une origine solidaire sont des arguments qui séduisent de plus en plus de consommateurs modernes. En tant qu'entrepreneur sans budget, il est possible de capitaliser sur ces valeurs pour justifier un modèle où le coût de départ est couvert par la valeur perçue du client final.

En somme, la clé pour trouver des fournisseurs gratuits ou peu coûteux réside dans la capacité à tisser des réseaux solides et à explorer chaque opportunité avec curiosité et ouverture. S'engager dans cette recherche avec un esprit perspicace et une volonté de coopérer avec diverses entités entrepreneurs ouvrira des avenues insoupçonnées qui allieront valeur et économie, des éléments indispensables pour qui veut réussir dans l'e-commerce avec un budget initial inexistant.

Dropshipping : une option sans inventaire

Lancer une activité de commerce électronique sans bénéficier de fonds initiaux peut sembler être un pari audacieux, mais grâce à des modèles comme le dropshipping, cette entreprise devient beaucoup plus accessible. Le dropshipping est une stratégie de vente qui permet de faire du commerce sans avoir besoin de gérer un stock physique de produits. C'est une alternative ingénieuse pour ceux qui désirent développer un e-commerce avec un budget limité, voire nul.

En optant pour le dropshipping, un entrepreneur vend des produits qu'il retire d'un fournisseur tiers uniquement lorsque ses clients passent commande. Cela signifie que vous, en tant que propriétaire de l'entreprise, ne touchez jamais directement au produit. L'une des grandes forces du dropshipping réside dans son modèle dématérialisé : en ne possédant pas de stock, vous ne courez aucun risque financier lié aux invendus. Vous ne déboursez des fonds que lorsque vous avez déjà encaissé l'argent du client final. Cette neutralité financière fait du dropshipping une solution idéale pour les débutants en e-commerce avec un capital limité.

Le processus démarre par la sélection de fournisseurs fiables. Il existe diverses plateformes dédiées, comme Oberlo, qui s'intègrent facilement avec des géants comme Shopify. Vous explorez parmi un large choix de produits, des gadgets technologiques aux vêtements tendances, sélectionnés pour leur popularité ou leur pertinence par rapport à votre niche de marché. Cependant, bien plus qu'un simple fournisseur, une solide relation professionnelle repose sur la fiabilité et la qualité. La première étape, souvent sous-estimée, est de tester vous-même ces produits avant de les proposer à vos clients. Cette rigueur garantit que ce que vous vendez satisfait à vos attentes de qualité, et celles de vos clients.

Un autre avantage du dropshipping est l'absence de contraintes logistiques. La gestion des stocks peut être une tâche fastidieuse et complexe, d'autant plus lorsqu'on ne peut se permettre d'y allouer un budget. Cependant, en dropshipping, toutes les questions de logistique et de transport de marchandises sont gérées par le fournisseur. Votre rôle se concentre alors sur le marketing, le service client et l'expérience utilisateur. Vous pouvez ainsi consacrer toute votre énergie et créativité à promouvoir vos produits et à bâtir une marque engageante sans vous soucier de l'emballage ou de la livraison.

L'un des défis du dropshipping est la concurrence féroce. Mais grâce à des efforts marketing ciblés, une compréhension approfondie de votre audience et une communication originale, vous pouvez vous démarquer sur le marché. Le storytelling et le branding deviennent vos principaux atouts. En investissant du temps pour créer une histoire engageante autour de votre marque et de vos produits, vous pouvez séduire l'esprit des consommateurs et vous différencier des plateformes de vente génériques. L'utilisation des réseaux sociaux pour créer une communauté autour de votre e-commerce peut être une stratégie très efficace. Offrir un excellent service client et encourager les témoignages et avis des acheteurs contribue également à renforcer votre crédibilité et fidéliser votre clientèle.

Le dropshipping, de par sa flexibilité, permet de tester de nouveaux produits avec quasiment aucun risque. Vous pouvez rapidement itérer et ajuster votre catalogue en fonction des tendances du marché et des retours des consommateurs. Cette adaptabilité est précieuse, surtout lorsqu'on débute, car elle permet de naviguer à travers les fluctuations du marché sans lourdes pertes financières.

Bien qu'il y ait une courbe d'apprentissage, notamment en ce qui concerne le choix des bons fournisseurs, l'optimisation pour les moteurs de recherche et le marketing numérique, une approche patiente et intelligente garantit des résultats positifs. Ce modèle vous offre la liberté de travailler n'importe où, tant que vous avez accès à Internet, transformant chaque lieu en un potentiel siège social de votre entreprise.

Enfin, bien qu'il soit sans inventaire, réussie, votre aventure dans le dropshipping vous apprend aussi des compétences précieuses en gestion d'entreprise, nécessaires et transférables, qu'importent la taille de votre future entreprise. À terme, une compréhension approfondie de l'esprit entrepreneurial couplée à une capacité à envisager audacieusement des innovations ne peut que vous être favorable, indépendamment de votre capital de départ.

Le voyage ne fait que commencer, mais le chemin est admirablement balisé par l'accessibilité et la simplicité du dropshipping, vous permettant de réaliser vos ambitions commerciales avec dévouement et perspicacité, sans égard au manque de budget initial.

Création de produits faits maison

La création de produits faits maison ne se limite pas seulement à l'aspect physique du produit, mais s'étend à une véritable expression de l'authenticité et de la passion de l'entrepreneur.

Lancer son e-commerce avec des produits faits main offre non seulement un moyen d'exprimer votre créativité, mais constitue également une avenue propice à la connexion avec une clientèle en quête d'authenticité et de savoir-faire artisanal. Commencer ce voyage implique de contempler l'énorme potentiel de vos talents personnels et de vos ressources disponibles. Chacune de vos compétences, qu'il s'agisse de la couture, de la cuisine, du travail du bois ou même du dessin, peut être transformée en produits que vous pouvez vendre directement depuis votre salon.

L'élément fondamental est de lancer une offre qui résonne avec vous, une passion que vous pouvez transformer non seulement en un produit commercialisable, mais en une empreinte unique de votre personnalité sur le marché. Parfois, cela nécessite un peu de pelleter les idées conventionnelles pour révéler vos véritables aptitudes. Imaginons que vous aimiez peindre – même si vous ne vous sentez pas prêt pour une galerie d'art, pourquoi ne pas envisager de décorer des produits tels que les T-shirts ou les sacs en toile avec vos créations d'art uniques ? Ce processus de création ne demande souvent que les matières brutes à portée de la main et les outils nécessaires déjà en votre possession. L'avantage majeur de ce modèle est qu'il permet d'éliminer la plupart des dépenses typiques associées à la gestion de stocks et à l'achat en gros de produits finis.

En outre, les plateformes de vente artisanales comme Etsy, par exemple, offrent un espace idéal pour exposer vos produits faits main à un public mondial à la recherche d'éléments particuliers et originaux. Elles fournissent aussi souvent des ressources et des communautés qui peuvent vous aider à réaliser votre vision, tout en offrant une grande visibilité sans nécessiter des frais d'inscription élevés. De plus, commencer petit permet d'expérimenter sans pression, augmentant l'espace pour évoluer et s'adapter en fonction des retours client, tout en maîtrisant votre chaîne de production selon la demande.

L'un des aspects les plus gratifiants de la création de produits faits maison est la relation intime que vous développez avec chaque article. Chacun d'eux raconte une histoire, et cette humanité captive et fidélise le consommateur moderne, qui ressent une satisfaction à l'idée de contribuer directement à soutenir un artisan. C'est cet attachement émotionnel qui non seulement différencie vos produits sur le marché, mais aussi crée un bouche-à-oreille précieux et une notoriété durable.

Néanmoins, évoluer dans cet univers créatif demande une rigueur et une discipline personnelles, essentielles pour gérer à la fois le côté artistique et l'aspect commercial. Être son propre patron signifie jongler entre la production, la gestion des commandes, l'expédition et le service à la clientèle. Mais avec du dévouement et de la détermination, chaque compétence maîtrisée devient un atout majeur dans votre arsenal entrepreneurial.

L'autre pièce du puzzle réside dans l'utilisation stratégique des réseaux sociaux pour bâtir une audience loyale et engager la communauté autour de votre marque personnelle. Plateformes comme Instagram ou Pinterest sont particulièrement efficaces pour les produits visuels, permettant non seulement de montrer votre espace de travail pour établir l'authenticité, mais aussi de dévoiler des éléments de processus créatifs qui incitent les consommateurs à voir plus qu'un produit, mais une vision, une histoire.

Cependant, il est également important de se rappeler que ce voyage entrepreneurial est autant personnel que commercial. Le soutien continu des autres, que ce soit par l'interaction avec une communauté d'artisans ou la recherche de conseils auprès de mentors aguerris, peut offrir une assistance précieuse lorsque les défis se présentent. À travers ce chapitre du livre, l'objectif est de vous inspirer à puiser dans ce talent inné, à canaliser votre énergie dans la création et à embrasser les épreuves comme des opportunités d'apprentissage. En fin de compte, chaque produit fait main se conçoit comme un reflet non seulement de vous-même mais aussi de votre parcours vers un e-commerce réussi, bâti avec la précieuse détermination de transformer votre passion en une source de prospérité.

Mise en place d'accords d'affiliation

Dans le monde dynamique du commerce électronique, la mise en place d'accords d'affiliation peut constituer une stratégie efficace pour diversifier vos revenus sans investissement financier initial. Les programmes d'affiliation permettent aux propriétaires de sites de vendre des produits ou des services d'autres entreprises en échange de commissions sur les ventes réalisées par le biais de leurs recommandations. Cela peut s'avérer être une excellente méthode pour générer des revenus passifs tout en offrant une valeur ajoutée à vos visiteurs.

Pour réussir en affiliation, il est essentiel de bien comprendre son public cible. En identifiant précisément les besoins et les préférences de votre audience, vous serez mieux à même de choisir des produits ou services pertinents à promouvoir. Opter pour des entreprises offrant des produits alignés sur vos valeurs et celles de votre marché cible maximisera votre crédibilité et vos chances de conversion. Cette pertinence est cruciale, car elle vous permettra d'offrir des recommandations authentiques et engageantes.

Une fois votre niche définie, le prochain pas consiste à rechercher des programmes d'affiliation susceptibles de répondre à ces besoins spécifiques. De nombreuses plateformes institutionnelles telles qu'Amazon Associates, ShareASale, ou Rakuten Marketing proposent une multitude de produits et de services diversifiés, accessibles aux nouveaux affiliés sans expérience préalable. Chacune de ces plateformes présente ses propres conditions et niveaux de commission, et il est crucial de les étudier minutieusement pour repérer celles qui offrent les meilleures opportunités en fonction de votre audience et de vos objectifs.

Le choix des partenaires d'affiliation doit être stratégique. Recherchez des entreprises dotées d'une bonne réputation, de produits de qualité supérieure, et qui offrent des commissions attractives. Si le taux de commission est une considération prépondérante, il est également important de prendre en compte la qualité du produit et le support offert par le commerçant, car cela influencera directement la satisfaction de vos clients. La confiance et la transparence sont primordiales dans la construction d'une relation d'affilié durable et rentable.

Il est également important d'intégrer vos liens d'affiliation de façon naturelle dans votre contenu. Proposer des critiques approfondies, des démonstrations de produit, ou des tutoriels utiles peut grandement améliorer la crédibilité de vos recommandations. Ce contenu engageant et informatif fournira non seulement une valeur ajoutée à vos lecteurs, mais augmentera également les taux de conversion. Une approche honnête et transparente est cruciale ; la transparence sur le fait que vous percevez une commission pour les achats réalisés via vos liens d'affiliation renforce la confiance avec vos lecteurs tout en respectant les politiques de divulgation requises.

L'une des stratégies pour optimiser vos efforts d'affiliation est de combiner vos liens avec des promotions exclusives, tels que des remises ou des offres limitées, souvent offertes par les marchands partenaires. Celles-ci non seulement stimulent l'engagement, mais incitent également plus fortement à l'achat. De surcroît, assurez-vous que votre site est techniquement optimisé pour faciliter l'expérience utilisateur et rendre le processus de navigation et d'achat aussi fluide que possible. Un site rapide, attrayant et mobile-friendly pourra grandement influencer votre capacité à convertir les visiteurs en acheteurs.

Pour multiplier vos chances de réussite, envisagez des partenariats avec d'autres blogs ou plateformes influentes dans votre domaine. Le guest blogging, les collaborations, ou les échanges de liens peuvent élargir votre portée et attirer une nouvelle audience vers votre site. La création de contenu de qualité sur des plateformes externes non seulement renforce votre présence en ligne mais vous positionne également comme une autorité de confiance dans votre secteur.

Enfin, il est fondamental de suivre et d'analyser vos performances régulièrement. Utilisez des outils d'analyse pour identifier quelles stratégies fonctionnent le mieux, quelles sont les pages ou les types de contenus qui performent et ajustent votre approche en fonction des données récoltées. L'itération continue sur la base de ces insights vous aidera non seulement à améliorer votre taux de conversion mais également à maximiser vos profits potentiels. À travers une gestion soignée et stratégique de votre programme d'affiliation, il est tout à fait possible de transformer votre passion pour le commerce électronique en une entreprise florissante, même sans budget initial.

Chapitre 6
Optimiser votre site e-commerce.

Créer un site web gratuit avec Wix ou WordPress

Créer un site e-commerce gratuit avec Wix ou WordPress est non seulement une possibilité attrayante mais également un tremplin essentiel pour ceux qui souhaitent entrer dans le monde du commerce en ligne sans débourser un seul centime. Ces plateformes offrent des outils puissants et faciles à utiliser pour concevoir un site attrayant qui mettra en valeur vos produits tout en offrant une expérience utilisateur optimisée. Lancer son entreprise s'avère souvent intimidant, surtout lorsqu'on pense à la construction et au design d'un site internet, pourtant grâce à Wix et WordPress, cela devient non seulement abordable mais aussi réalisable avec peu ou pas d'expertise technique préalable.

Commençons par Wix, une plateforme connue pour sa simplicité et son approche intuitive. Wix propose une solution 'drag-and-drop', ce qui signifie que vous pouvez littéralement choisir et glisser les éléments sur votre page pour les organiser selon vos goûts. Cela offre une flexibilité énorme pour personnaliser votre site en fonction de votre marque. Vous pouvez choisir parmi des centaines de modèles gratuits qui sont préconçus pour répondre à des besoins spécifiques, y compris ceux dédiés à des activités e-commerce. Chaque modèle est entièrement personnalisable, permettant ainsi un ajustement facile des couleurs, des polices et de l'agencement pour refléter parfaitement l'identité de votre entreprise.

Wix intègre aussi des fonctionnalités e-commerce robustes qui vous permettent de gérer votre inventaire, de suivre les commandes et d'accepter des paiements en ligne sans avoir besoin de compétences en codage. Avec son intégration avec de nombreuses passerelles de paiement, vous pouvez commencer à commercialiser vos produits presque immédiatement après avoir lancé votre site. Bien que la version entièrement gratuite de Wix comporte certaines limitations, comme l'absence de votre propre nom de domaine et l'affichage de publicités sur votre site, ces contraintes ne doivent pas être vues comme des obstacles insurmontables. Elles offrent une opportunité de tester votre idée sans engagement financier, tout en ayant toujours la possibilité d'évoluer vers des plans payants avec des fonctionnalités étendues au fur et à mesure que votre entreprise se développe.

Passons maintenant à WordPress, qui se distingue par sa flexibilité et sa capacité de personnalisation avancée. WordPress propose deux versions : WordPress.com, qui est hébergée et offre un démarrage facile avec des fonctionnalités et des thèmes intégrés, et WordPress.org, qui nécessite que vous trouviez votre propre solution d'hébergement, mais offre une personnalisation quasiment illimitée avec l'accès à des milliers de plugins et de thèmes gratuits. Pour un projet zéro budget, la version WordPress.com vous suffira largement, en particulier si vous êtes prêt à investir un peu de temps pour explorer les nombreuses options qu'elle vous offre.

L'un des atouts de WordPress est son vaste écosystème de plugins gratuits qui peuvent transformer votre site basique en une plateforme e-commerce complète. Par exemple, WooCommerce est un plugin populaire qui transforme votre site WordPress en une boutique en ligne puissante. Avec WooCommerce, vous pouvez gérer les produits, les stocks, les paiements et les expéditions directement depuis votre tableau de bord WordPress. Sa vaste communauté de développeurs et d'utilisateurs signifie également que vous aurez accès à une multitude de ressources, de guides et de forums pour vous aider à résoudre des problèmes ou à optimiser votre site au fil du temps.

L'aventure de la création d'un site e-commerce avec Wix ou WordPress ne s'arrête pas à l'aspect visuel. Une fois construit, il est essentiel de se concentrer sur l'optimisation SEO pour s'assurer que votre site soit visible pour vos clients potentiels. Heureusement, les deux plateformes offrent des outils qui aident à améliorer le référencement de votre site sans avoir à être un expert en SEO. Wix, par exemple, propose des outils SEO intégrés qui vous guident à travers le processus d'optimisation pas à pas. Tandis que WordPress, avec des plugins comme Yoast SEO, vous permettra d'analyser et d'améliorer le contenu de votre site pour atteindre un meilleur classement dans les résultats des moteurs de recherche.

En construisant votre site e-commerce gratuitement avec ces plateformes, vous franchissez déjà une étape importante vers la création de votre empire en ligne. En capitalisant sur les outils et les ressources mises à votre disposition gratuitement, vous non seulement établissez une présence en ligne pour votre entreprise, mais vous vous positionnez aussi stratégiquement pour croître et prospérer sans vous soucier d'investissements initiaux substantiels. Votre engagement, votre créativité et votre détermination sont les véritables moteurs de cette aventure entrepreneuriale.

SEO pour les nuls : Optimiser votre visibilité

Lancer un site e-commerce sans investir un centime présente plusieurs défis, mais l'un des plus passionnants est l'optimisation de la visibilité de votre site grâce au référencement naturel, couramment connu sous l'acronyme SEO. Pour les néophytes, le SEO peut sembler un labyrinthe déroutant rempli de jargon technique, mais rapidement maîtrisable grâce à une approche adaptée.

Le SEO est essentiel pour attirer du trafic organique vers votre site, c'est-à-dire des visiteurs qui recherchent directement ce que vous proposez sans passer par des publicités payantes. En optimisant votre visibilité, vous augmentez vos chances d'attirer ces visiteurs.

Le principe fondamental du SEO repose sur l'idée d'apparaître dans les premiers résultats des moteurs de recherche comme Google pour les mots-clés pertinents à votre activité. Pour y parvenir, plusieurs éléments doivent être pris en compte.

La première étape consiste à identifier les mots-clés qui sont en adéquation avec vos produits ou services. Ce sont les termes ou expressions que vos clients potentiels sont susceptibles de taper dans un moteur de recherche. Outre l'utilisation de ces mots-clés dans le contenu de votre site, leur emplacement est aussi crucial. Ils doivent apparaître dans le titre de vos pages, les métadescriptions, les titres et les premiers paragraphes de votre contenu pour indiquer aux moteurs de recherche que ces termes sont effectivement le cœur de la page.

Cependant, le contenu lui-même ne doit pas être négligé. Assurez-vous d'avoir un contenu riche et informatif qui répond aux questions que pourraient se poser vos visiteurs. Les moteurs de recherche privilégient les sites qui fournissent des informations utiles et pertinentes, ce qui améliore non seulement votre classement, mais incite aussi les visiteurs à passer plus de temps sur votre site, réduisant ainsi le taux de rebond. Ce facteur est considéré positivement par les algorithmes des moteurs de recherche.

La structure de votre site joue également un rôle essentiel. Un site bien structuré, avec une navigation facile, aide non seulement vos visiteurs mais également les robots d'indexation qui parcourent le Web pour indexer vos pages. Utiliser une architecture de lien interne appropriée améliore non seulement l'expérience utilisateur en permettant aux visiteurs de se déplacer facilement d'une page à l'autre, mais aide également les moteurs de recherche à comprendre la hiérarchie et la pertinence des pages de votre site.

Un autre aspect crucial du SEO est la vitesse de chargement de votre site. En effet, les internautes n'ont que peu de patience pour les sites qui prennent trop de temps à s'afficher, et Google le sait. Un site qui se charge rapidement est souvent mieux classé. Pour optimiser la vitesse de votre site, choisissez un fournisseur d'hébergement qui offre de bonnes performances et profitez des outils gratuits comme Google PageSpeed Insights pour analyser et améliorer la vitesse de vos pages. Par ailleurs, optimiser les images et réduire le nombre de requêtes serveur peut grandement améliorer le temps de chargement.

Enfin, les backlinks, ou liens entrants, provenant d'autres sites vers le vôtre, sont extrêmement importants. Ils agissent comme des votes de confiance, indiquant aux moteurs de recherche que votre contenu est crédible et digne de figurer en bonne place. Les obtenir peut nécessiter du temps et des efforts, mais cela peut être réalisé via des collaborations, en proposant du contenu guest ou en participant activement à des forums pertinents.

En intégrant ces aspects dans votre stratégie SEO, vous pourrez augmenter petit à petit la visibilité de votre site. Cela requiert du temps, de la persévérance, et une attention continue sur les tendances et évolutions pour ajuster vos méthodes. Toutefois, même avec un investissement financier nul, une approche bien conçue du SEO offre un potentiel puissant pour augmenter le trafic organique vers votre site e-commerce. Votre engagement à apprendre et à mettre en pratique ces techniques portera ses fruits, et vous vous retrouverez bientôt parmi les rangs des sites qui prospèrent gracieusement sur le web grâce au SEO, preuve évidente que de grands résultats peuvent être atteints à partir de rien, sauf peut-être un peu de persévérance et d'ingéniosité.

L'importance de l'expérience utilisateur

L'expérience utilisateur sur un site e-commerce est un facteur crucial qui peut déterminer le succès ou l'échec de votre entreprise en ligne. Dans un monde numérique où les consommateurs sont plus connectés et exigeants que jamais, offrir une expérience utilisateur fluide et agréable devient une nécessité. Comprendre ce qu'est réellement une bonne expérience utilisateur commence par se mettre à la place de vos clients lorsqu'ils interagissent avec votre site.

Les visiteurs de votre site recherchent avant tout la simplicité et l'efficacité. Ils veulent pouvoir naviguer facilement, trouver ce qu'ils cherchent sans effort, et procéder à un achat en quelques clics seulement. La simplicité ne signifie pas pour autant une conception minimale. Elle repose sur une interface intuitive où chaque élément est pensé pour guider l'utilisateur naturellement à travers le processus de navigation. Un design clair, avec des menus bien organisés et des catégories clairement définies, contribue grandement à cette fluidité. Lorsqu'un visiteur atterrit sur votre site, il doit savoir exactement où il est et comment avancer vers ce qu'il souhaite sans avoir à réfléchir.

Une autre composante essentielle de l'expérience utilisateur est la vitesse de chargement de votre site. Dans un monde où chaque seconde compte, un délai de quelques secondes peut entraîner une hausse significative du taux d'abandon. Les consommateurs s'attendent à ce que les pages se chargent presque instantanément, et les statistiques montrent qu'une seconde de délai peut réduire les conversions de plusieurs pourcents. Assurez-vous que vos images sont optimisées pour le web, que votre hébergement est performant, et que votre site est techniquement optimisé pour offrir la meilleure vitesse possible.

Par ailleurs, l'ergonomie est un point sur lequel il est crucial de ne faire aucune impasse. La navigation et l'interaction doivent être les plus intuitives possible. Cela signifie que vos boutons de commande doivent être clairement visibles, que vos formulaires de contact doivent être faciles à utiliser et que le processus de paiement ne doit comporter que des étapes nécessaires. La simplicité du processus de paiement est l'un des aspects les plus importants car c'est là que des ventes potentielles se transforment réellement en revenus. Une étude de marché peut être bénéfique pour identifier les attentes des utilisateurs et trouver ce qui fonctionne le mieux pour votre audience cible.

L'expérience utilisateur ne se limite pas seulement à la facilité d'utilisation; elle inclut également l'élément de plaisir. Les consommateurs aiment visiter un site qui leur procure du plaisir visuel et où ils se sentent enthousiasmés d'acheter. Des visuels de qualité et une typographie soignée participent à rendre le site agréable aux yeux. Cependant, veillez à ce que l'esthétique, bien qu'attrayante, ne compromette jamais la fonctionnalité. Il est essentiel de tenir un équilibre entre esthétique et praticité. Des appels à l'action bien pensés, des témoignages de clients satisfaits et des recommandations de produits sont autant d'éléments qui peuvent renforcer la confiance des visiteurs et les inciter à acheter.

En outre, l'adaptabilité de votre site sur les différentes plateformes est un critère de plus en plus déterminant. Avec l'essor de la navigation mobile, un site non optimisé pour les smartphones et tablettes risque de perdre une part considérable de visiteurs. Assurez-vous que votre site soit parfaitement responsive, offrant une expérience utilisateur homogène, que ce soit sur ordinateur de bureau, mobile ou tablette. Cela passe par un design qui s'adapte aisément à toutes les tailles d'écran sans compromettre l'ergonomie.

Ne sous-estimez pas non plus l'importance du contenu de votre site, tant sur le fond que sur la forme. Offrir un contenu informatif, non seulement au niveau des descriptions de produits, mais aussi via des blogs ou des actualités, peut enrichir l'expérience utilisateur en offrant une plus-value au-delà de l'achat. C'est aussi une opportunité de renforcer votre référencement naturel, permettant ainsi à vos clients potentiels de vous retrouver plus facilement.

Enfin, recueillir les retours de vos utilisateurs est une démarche dynamique qui vous permettra d'améliorer continuellement la qualité de l'expérience que vous offrez. Encouragez les avis et commentaires, et faites de l'écoute votre priorité. Ce retour d'information est un levier essentiel qui vous aide à ajuster votre offre et à optimiser votre site en fonction des attentes réelles de vos clients. Simultanément, assurez-vous de comprendre et d'anticiper les comportements des utilisateurs grâce à des outils d'analyse comme Google Analytics. En surveillant les comportements de vos clients, vous pouvez aisément identifier ce qui nécessite encore des améliorations.

En résumé, l'expérience utilisateur est une stratégie de long terme qui nécessite une attention continue et une adaptation aux nouvelles tendances et attentes. C'est une composante clé qui mérite que l'on y investisse du temps et des efforts car c'est en captivant et en satisfaisant vos clients que votre e-commerce peut croître et s'épanouir avec succès. Ne sous-estimez jamais l'impact d'une excellente expérience utilisateur sur la fidélisation et l'expansion de votre clientèle.

Mesurer les performances de votre site

Mesurer les performances de votre site est une étape cruciale dans le succès de votre entreprise en ligne. Comprendre le comportement de vos visiteurs et l'efficacité de votre contenu vous permettra d'ajuster votre stratégie pour maximiser vos ventes et satisfaire vos clients. La première étape consiste à installer un outil d'analyse de site web puissant et gratuit, tel que Google Analytics. Cet outil vous proposera une vue d'ensemble détaillée du trafic de votre site, y compris le nombre de visiteurs, le temps passé sur votre site, et les pages les plus visitées. En suivant ces indicateurs de près, vous pourrez déterminer quels aspects de votre site séduisent vos visiteurs et quels aspects pourraient nécessiter une amélioration.

Une des métriques importantes à surveiller est le taux de rebond, qui indique le pourcentage de visiteurs qui quittent votre site après avoir consulté une seule page. Un taux de rebond élevé peut révéler que les visiteurs ne trouvent pas le contenu qu'ils espéraient ou que la navigation n'est pas fluide et intuitive. Pour réduire ce taux, assurez-vous que chaque page de votre site propose un contenu pertinent et engageant, et simplifiez la navigation pour encourager les visiteurs à explorer plus en profondeur votre offre.

Il est également essentiel de suivre le taux de conversion de votre site, qui vous indique la proportion de visiteurs réalisant une action souhaitée, comme l'achat d'un produit ou l'inscription à votre newsletter. En définissant des objectifs clairs dans votre outil d'analyse, vous pourrez surveiller en temps réel l'efficacité de vos campagnes marketing. Si votre taux de conversion n'est pas à la hauteur, cela peut suggérer que votre appel à l'action n'est pas suffisamment convaincant, ou que le processus de paiement est trop long ou complexe.

L'analyse des sources de trafic est également importante pour comprendre d'où viennent vos visiteurs. Google Analytics vous permettra de décomposer ce trafic en plusieurs catégories : les recherches organiques, les réseaux sociaux, les référencements, et le trafic direct. En examinant ces données, vous pourrez identifier quelles voies de communication vous apportent le public le plus engagé. Si vous constatez que les visites provenant des médias sociaux convertissent mieux que celles issues des recherches organiques, vous saurez que votre stratégie sur ces plateformes est performante et mérite votre attention continue.

Un autre aspect crucial des performances de votre site est la vitesse de chargement. Une vitesse de site lente peut être rédhibitoire pour les utilisateurs, les poussant à quitter votre site avant même d'avoir interagi avec le contenu. Des outils comme PageSpeed Insights vous offriront une analyse détaillée et des suggestions pour améliorer la vitesse de votre site, telles que la compression d'images, la réduction des redirections, ou encore l'amélioration de la mise en cache des navigateurs. Un site rapide augmente non seulement la satisfaction des utilisateurs, mais peut également améliorer le classement dans les résultats des moteurs de recherche, car la vitesse est un facteur pris en compte par Google pour le SEO.

Enfin, ne négligez pas l'importance des tests A/B pour optimiser la performance de votre site. Cette méthode consiste à créer deux versions d'une même page et à modifier un seul élément à la fois, par exemple la couleur d'un bouton ou le titre d'une offre, pour voir laquelle obtient les meilleurs résultats. En testant différentes versions de votre contenu, vous pourrez identifier ce qui fonctionne le mieux pour votre public et apporter les modifications nécessaires pour convertir davantage de visiteurs.

En gardant un œil attentif sur ces métriques de performances, vous serez en mesure de prendre des décisions éclairées basées sur des données concrètes. Rappelez-vous, l'objectif n'est pas seulement de générer du trafic, mais de capter l'attention de visiteurs qualifiés qui sont susceptibles de devenir des clients fidèles. Mesurer régulièrement les performances de votre site vous permet de rester agile, de vous adapter aux tendances changeantes du marché, et d'assurer une croissance durable pour votre entreprise en ligne.

Chapitre 7
Stratégies de marketing gratuites.

Utiliser le marketing viral à votre avantage

Le marketing viral est un levier puissant et abordable pour les entrepreneurs en herbe qui souhaitent lancer leur e-commerce sans débourser un centime. Pour tirer parti de ce type de marketing, il est essentiel de comprendre comment créer du contenu qui résonne profondément avec votre public cible. L'un des éléments clés du marketing viral est le storytelling. Raconter une histoire captivante qui touche les émotions de votre audience peut faire toute la différence. Cela peut être une anecdote personnelle sur la façon dont vous avez eu l'idée de votre boutique, une histoire inspirante sur les origines de vos produits, ou encore un récit qui met en lumière l'impact positif de votre marque sur la communauté.

L'authenticité joue un rôle majeur dans le succès du marketing viral. Les consommateurs modernes sont à la recherche de connexions vraies et aspirent à soutenir des marques qui partagent leurs valeurs. En insufflant à votre message une touche personnelle et en restant fidèle à ce que vous représentez réellement, vous créez un lien de confiance avec votre audience. Cela, à son tour, augmente la probabilité qu'ils partagent votre contenu avec leur propre réseau, faisant ainsi boule de neige pour atteindre un public encore plus large.

Les réseaux sociaux sont l'outil principal pour initier et propager une campagne virale. Identifier les plateformes où votre public cible passe le plus de temps est crucial. Cela peut être Facebook, Instagram, TikTok, ou même LinkedIn selon le type de produits que vous proposez. Une fois que vous avez ciblé la bonne plateforme, créez un contenu engageant et incitez à l'interaction. Les vidéos courtes et percutantes tendent à se propager plus rapidement, surtout lorsqu'elles sont amusantes ou émouvantes. N'hésitez pas à utiliser les tendances actuelles à votre avantage, que ce soit des défis populaires, des mèmes ou des sujets d'actualité qui peuvent se rattacher à votre produit.

Un autre facteur important est la simplicité et la clarté de votre message. Pour qu'un contenu devienne viral, il doit être compris instantanément par l'audience. Assurez-vous que le message essentiel de votre campagne soit immédiatement perceptible. De plus, inclure des éléments visuels accrocheurs comme de la musique entraînante, des couleurs vives ou des images frappantes peut captiver l'attention rapidement et stimuler l'envie de partager.

L'implication de votre communauté est également une stratégie de marketing viral à ne pas négliger. Encourager activement votre public à participer peut aider à propager votre message à un rythme plus rapide. Cela peut passer par l'organisation de concours où la condition de participation est de partager votre contenu. Offrir de petits prix symboliques ou des avantages, comme des réductions sur leur prochain achat, peut être une motivation suffisante pour inciter vos abonnés à diffuser votre marque.

Le marketing viral n'exige pas toujours que vous génériez du contenu entièrement nouveau. Réutiliser et adapter le contenu existant peut être tout aussi efficace. Si vous avez déjà collecté des témoignages clients, envisagez de les transformer en vidéos qui pourraient potentiellement résonner avec un plus grand nombre. Ces témoignages honnêtes et réels sont souvent perçus comme des approbations de grande valeur par d'autres consommateurs, ce qui peut renforcer la crédibilité de votre marque.

Une autre dimension du marketing viral repose sur la collaboration. Associez-vous à d'autres marques ou influenceurs partageant des valeurs similaires. Bien que vous souhaitiez vous concentrer sur des stratégies nulle part payantes, certains influenceurs sont ouverts à promouvoir un produit simplement parce qu'ils croient en sa valeur. La promotion croisée auprès de leurs abonnés peut introduire votre produit à un public plus large sans frais attachés directement.

En fin de compte, le marketing viral, bien qu'il ne soit pas garanti et souvent imprévisible, est un outil inestimable lorsqu'il fonctionne. N'oubliez pas qu'expérimenter de nouvelles idées, accepter l'échec et persévérer avec créativité et adaptabilité sont des pratiques essentielles. À travers un engagement authentique et une valeur réelle, votre e-commerce peut s'étendre bien au-delà de vos attentes initiales, même avec un budget marketing inexistant. En cultivant une approche systématique et intuitive, vous pouvez stimuler votre portée et donner à votre marque l'élan nécessaire pour devenir un succès viral.

Campagnes d'email marketing à zéro coût

Dans le monde du e-commerce, où l'efficacité et la portée peuvent souvent sembler liées à la profondeur de vos poches, découvrir des voies alternatives pour atteindre vos clients est non seulement rafraîchissant mais essentiel. L'email marketing, souvent perçu comme un domaine nécessitant des outils coûteux et des abonnements onéreux, peut en réalité être mis en œuvre sans débourser un centime. Avec l'avènement des plateformes freemium, vous pouvez accéder à des outils qui vous permettent d'enrichir votre campagne de marketing par email à peu de frais, glissant un long chemin vers l'engagement des clients à travers une communication authentique et régulière.

Cela commence par la création de votre liste d'emails. Au lieu de s'appuyer sur des moyens traditionnels requérant des investissements en publicité, commencez par tirer parti de chaque interaction et opportunité pour recueillir des adresses email. Cette approche non seulement réduit les coûts, mais vous assure également que ceux qui s'inscrivent sont véritablement intéressés par votre marque. Proposez des incitations gratuites comme des eBooks, des échantillons ou des cours en ligne fournis via votre site internet ou vos réseaux sociaux. Les plateformes de newsletters gratuites, comme MailChimp ou SendinBlue, vous offrent la possibilité de commencer à créer votre base de contacts et de gérer vos envois.

Une fois la liste établie, l'étape suivante est de créer du contenu engageant. Le marketing par email à zéro coût traite principalement de la valeur intrinsèque de votre communication. Concevez des courriers électroniques attrayants avec du contenu pertinent qui informe, divertit et engage votre audience. Synthétisez des guides pratiques, des suggestions de produits liés à leurs préférences, et des nouvelles de votre industrie. Utilisez des outils gratuits comme Canva pour concevoir des emails visuellement attrayants. Évitez les pièges du spamming en maintenant un ton personnel et en évitant de surcharger vos emails de promotions évidentes. Considérez chaque email comme une opportunité de tisser un lien émotionnel avec vos lecteurs.

L'automatisation de vos emails est également une stratégie clé. Avec les fonctions gratuites des plateformes d'email marketing, vous pouvez mettre en place des séries d'emails automatisés adaptés aux comportements de votre audience. Par exemple, un nouvel abonné peut recevoir une série d'emails sur l'histoire de votre marque et les produits phares, suivis d'informations personnalisées sur des réductions disponibles. L'automatisation vous permet non seulement d'économiser du temps, mais elle assure une constance et une personnalisation qui renforcent l'intérêt et la fidélité.

En matière de contenu, nourrir la fidélité à la marque est un objectif primordial. Créez des récits captivants qui résonnent avec vos lecteurs et les intègrent davantage à la communauté de votre marque. Développez une voix unique qui permet de renforcer l'identification avec votre marque. Utilisez l'email pour offrir des aperçus exclusivement à vos abonnés sur les coulisses de votre activité, des entrevues avec vos employés ou des annonces de lancement de produit. Ce contenu exclusif renforce l'idée que l'abonné fait partie d'un club privilégié, augmentant leur engagement.

L'analyse des résultats est essentielle pour optimiser continuellement vos campagnes. Les plateformes de marketing par email fournissent des analyses détaillées sur les taux d'ouverture, les clics et les conversions. Analysez ces données pour comprendre ce qui fonctionne et ce qui ne fonctionne pas. Ajustez votre contenu en conséquence et expérimentez avec différents types de campagnes, de l'animation des abonnés dormants au test de lignes d'objet variées.

Le point essentiel ici est d'aborder le marketing par email non pas comme une tâche existante en vase clos, mais comme une composante intégrée de votre stratégie de communication globale. Assurez la cohérence de votre narration à travers tous les canaux. Rapporter des éléments discutés dans des vidéos sur les réseaux sociaux ou sur votre blog dans vos emails peut aider à tisser un réseau d'information cohérent et puissant.

Enfin, n'oubliez jamais l'importance du feedback. Encouragez vos abonnés à répondre à vos emails, à poser des questions et à participer. Cette interactivité en temps réel renforce les relations et peut fournir des renseignements précieux que vous pouvez intégrer dans vos prochaines campagnes. En cultivant un espace de dialogue ouvert, non seulement renforcez-vous l'engagement, mais vous nourrissez une communauté qui se sent valorisée et écoutée.

Promotions via les influenceurs gratuits

Dans le monde moderne du commerce électronique, tirer parti de la puissance des influenceurs peut s'avérer être une stratégie de marketing extrêmement précieuse, surtout lorsqu'on dispose d'un budget limité. Les influenceurs jouent un rôle clé dans la mise en relation des marques avec un public potentiellement intéressé par ce que vous avez à offrir. Cependant, nombre de personnes considèrent que travailler avec des influenceurs nécessite un investissement financier conséquent. Dans cette section, nous allons explorer comment on peut tirer parti de ce canal de communication de manière intelligente et totalement gratuite.

La première étape pour bénéficier des services d'influenceurs sans frais consiste à identifier les influenceurs qui partagent la même passion ou appartiennent à la même niche que votre entreprise. Plutôt que de viser les célébrités des réseaux sociaux, dont les partenariats nécessitent généralement des paiements élevés, concentrez-vous sur les micro-influenceurs. Ce terme désigne des personnes qui ont un nombre d'abonnés compris entre 1 000 et 100 000, avec une audience engagée et fidèle. Bien qu'ils possèdent moins de followers, leur impact est souvent plus important, car leur communauté leur fait davantage confiance. Ils sont souvent plus enclins à offrir des collaborations gratuites en échange de produits gratuits ou de partenariats créatifs qui profitent à leurs abonnés.

L'authenticité est la clé lorsque vous commencez à établir des relations avec des micro-influenceurs. Prenez le temps de comprendre qui ils sont, leurs centres d'intérêt, et la manière dont ils interagissent avec leur audience. Établissez une connexion personnelle en laissant des commentaires pertinents sur leurs publications ou en partageant leur contenu avec votre réseau. Cela montrera non seulement que vous vous intéressez sincèrement à leur travail, mais aussi que vous êtes un membre actif de leur communauté. Une fois que vous avez construit une base solide grâce à des interactions authentiques, il sera plus naturel de contacter l'influenceur pour proposer une collaboration.

Lorsque vous contactez un influenceur, soyez transparent sur vos objectifs et ce que vous pouvez offrir en retour. Au lieu de vous concentrer sur ce que l'influenceur peut faire pour vous, mettez en avant ce qu'il pourra tirer de votre collaboration. Cela pourrait être sous la forme d'un soutien mutuel, d'un échange de visibilité, ou encore d'un produit ou service offert gratuitement. Les influenceurs, surtout ceux qui débutent ou disposent d'une plus petite audience, apprécient souvent la possibilité de collaborer avec des marques qui leur offrent un bénéfice concret, même si ce n'est pas sous forme monétaire.

Une fois la collaboration acceptée, travaillez en étroite collaboration avec l'influenceur pour créer un contenu qui représente fidèlement votre marque tout en respectant le style et la voix de l'influenceur. Qu'il s'agisse d'une recommandation de produit, d'un déballage en streaming, ou d'un post de blog sur votre marque, assurez-vous que le contenu soit authentique et résonne bien avec l'audience de l'influenceur. Gardez à l'esprit que les abonnés des influenceurs sont souvent capables de discerner ce qui est une publicité déguisée d'une véritable recommandation, il est donc impératif d'éviter les publicités excessivement ostentatoires.

En parallèle de votre collaboration, assurez-vous de suivre et de soutenir l'influenceur en partageant son contenu sur vos propres réseaux. Cela renforcera votre relation et encouragera l'influenceur à continuer à soutenir votre marque. Une autre stratégie pour maximiser l'impact de votre campagne sans débourser de l'argent est de capitaliser sur le contenu généré par l'utilisateur. Incitez les abonnés de l'influenceur à partager leurs propres expériences avec votre produit. Non seulement cela augmentera votre visibilité, mais cela vous fournira également un flux constant de contenu authentique et gratuit.

Enfin, mesurez le succès de votre campagne d'influence en analysant l'engagement généré, qu'il s'agisse de nouvelles visites sur votre site web, d'un accroissement de votre nombre d'abonnés sur les réseaux sociaux, ou de l'augmentation des demandes d'information sur vos produits. En ajustant vos stratégies en fonction des résultats obtenus, vous pourrez ajuster vos futures collaborations pour obtenir un retour sur investissement encore plus élevé.

En fin de compte, collaborer avec des influenceurs gratuitement n'est pas seulement possible, mais cela peut être extrêmement bénéfique pour votre entreprise si vous adoptez la bonne approche. Avec une stratégie ciblée et une communication authentique, vous pouvez transformer ces alliances en un levier puissant qui amplifie la portée de votre marque sans affecter votre budget. Prenez le temps d'investir dans ces relations, et vous pourriez découvrir qu'elles vous apportent des récompenses bien plus grandes que ce que vous auriez pu anticiper au départ.

Participer à des forums et groupes en ligne

Dans le monde numérique d'aujourd'hui, les forums et les groupes en ligne sont devenus des lieux incontournables pour ceux qui souhaitent échanger des idées, partager des conseils et, surtout, promouvoir et développer leurs affaires. Pour un entrepreneur en herbe cherchant à lancer un e-commerce sans budget, ces plateformes offrent une mine d'opportunités gratuites.

Participer à ces communautés en ligne demande néanmoins une

approche stratégique et authentique pour être efficace. Il ne s'agit pas simplement de s'inscrire et de commencer à poster des liens vers vos produits ou votre boutique. En réalité, un tel comportement pourrait rapidement vous valoir le rejet de la communauté et nuire à votre réputation. Au lieu de cela, vous devez établir votre crédibilité et votre autorité au sein de ces réseaux. Cela commence par une contribution active aux discussions, en apportant des réponses utiles aux questions posées par d'autres membres et en partageant vos connaissances sur l'industrie du commerce électronique.

Rejoindre des forums ou groupes spécifiques à votre secteur est crucial. Par exemple, si votre e-commerce se spécialise dans des produits écologiques, vous serez mieux servi dans des forums qui discutent des modes de vie durables et de l'importance de la consommation responsable. En participant à ces discussions, vous positionnez subtilement votre marque auprès d'une audience déjà intéressée par ce que vous proposez. Plus vos contributions sont pertinentes et perspicaces, plus les membres de la communauté vous verront comme une source fiable, engendrant davantage de curiosité envers vos offres.

Les forums comme Reddit, Quora ou encore les groupes Facebook, pour n'en citer que quelques-uns, sont des lieux de grand passage qui accueilleront vos efforts tout aussi facilement. Reddit, par exemple, possède de nombreux subreddits (sous-forums) consacrés à une variété quasiment infinie de sujets. Trouver les bonnes communautés où votre public cible est actif est la première étape. Ensuite, engagez-vous dans des discussions, votez pour des contenus pertinents, posez des questions et partagez vos propres expériences et anecdotes qui peuvent être utiles aux autres.

Quora, de son côté, est une plateforme particulièrement intéressante pour élever votre profil professionnel. En apportant des réponses bien développées et factuelles à des questions directement liées à votre domaine, vous pouvez mettre en avant votre expertise. Si quelqu'un cherche des conseils sur la manière de démarrer un e-commerce durable, par exemple, vous avez là une opportunité unique de répondre de manière exhaustive tout en mentionnant naturellement les produits ou services que vous offrez, à condition que cela apporte une réelle valeur ajoutée à la discussion. Néanmoins, restez prudent; ajoutez un lien vers votre site uniquement lorsque cela est pertinent. L'objectif principal reste d'apporter une contribution de valeur.

Quant aux groupes Facebook, ils massent une grande diversité de communautés – des passionnés de mode aux amateurs de nouvelles technologies. En rejoignant ces groupes, veillez à bien respecter les règles établies par ces communautés et à participer régulièrement. Partagez vos propres postulats sur des sujets d'importance, commentez avec des conseils utiles lorsqu'un sujet est abordé, ou même initiez des discussions pour recueillir des points de vue divers. Soyez proactif, curieux, et entretenez la communication. Avec le temps, en cultivant votre présence de façon réfléchie et constructive, d'autres membres commenceront à vous reconnaître et il se pourrait qu'ils reçoivent positivement vos suggestions futures.

D'un point de vue pratique, il est important de noter que l'engagement au sein de ces forums et groupes doit être cohérent et continu. L'idée est de construire, au fil du temps, une relation de confiance avec les autres membres. Cette approche semi-organique au marketing communautaire ne conduit pas toujours à des résultats immédiats, mais elle crée une base solide de reconnaissance et de respect. Lorsque les membres de ces forums décideront qu'ils ont besoin de services ou de produits que vous proposez, ils penseront naturellement à vous grâce à la fondation que vous y aurez bâtie.

Pour mesurer l'impact de vos efforts, surveillez les discussions pour détecter les opportunités de mentionner votre entreprise et évaluer les retours des membres. Observez quels types de contenus suscitent le plus d'engagement et ajustez votre stratégie en conséquence. En fin de compte, la clé est l'authenticité de votre participation et la valeur que vous ajoutez à chaque interaction. Plus vos interventions sont éclairées et pertinentes, plus vous gagnez en visibilité et en influence dans la communauté — sans jamais avoir besoin de débourser un centime.

Chapitre 8
Gestion des
commandes et
logistique.

Systèmes de gestion des commandes gratuits

La gestion des commandes est un aspect crucial de tout e-commerce, et cela devient encore plus pertinent lorsque l'on démarre avec un budget de zéro euro. Heureusement, il existe des systèmes de gestion des commandes gratuits qui permettent aux entrepreneurs de garder le contrôle sur ce processus essentiel sans investir de l'argent. Ces solutions sont innovantes et tirent parti des avancées technologiques pour fournir des outils efficaces qui peuvent rivaliser avec ceux des plateformes coûteuses.

Le premier pas vers une gestion des commandes réussie est de choisir une plateforme qui propose des fonctionnalités adaptées à votre modèle d'affaires. Il existe plusieurs solutions gratuites populaires, comme Orderhive, Zoho Inventory ou encore la version gratuite de Square, qui offrent des fonctionnalités robustes sans coût initial. Ces plateformes vous permettent de suivre vos commandes en temps réel, de gérer votre inventaire et de coordonner vos expéditions afin d'éviter les erreurs qui pourraient nuire à la satisfaction client.

Ces systèmes gratuits offrent également une certaine souplesse pour grandir avec votre entreprise. Nombreux sont ceux qui permettent d'intégrer d'autres outils gratuits ou payants à mesure que votre boutique en ligne se développe. En adoptant dès le départ une solution qui encourage l'évolution, vous évitez de devoir transférer vos processus vers un nouveau système lorsque votre entreprise commence à croître. C'est là un avantage inestimable pour ceux qui souhaitent construire leur e-commerce de façon durable.

Un autre aspect essentiel de ces systèmes de gestion de commandes gratuits est leur capacité à se synchroniser avec les marketplaces et les systèmes de paiement en ligne. Par exemple, si vous vendez sur Etsy, Shopify ou Amazon, ces outils peuvent souvent s'intégrer de manière fluide, synchronisant vos inventaires et vos commandes entre les différentes plateformes. Cela garantit que votre système affiche toujours des informations à jour, réduisant le risque de vendre des produits que vous n'avez plus en stock et d'améliorer l'efficacité de votre chaîne logistique.

La simplicité d'utilisation est un autre argument de poids pour ces systèmes gratuits. Bon nombre d'entre eux sont conçus pour être intuitifs, avec des interfaces utilisateurs claires et des processus aisément compréhensibles, même pour les novices en e-commerce. Cela vous permet de faire des erreurs et d'apprendre sans un coût associé et augmente votre capacité à vous concentrer sur d'autres aspects de la gestion de votre boutique, comme le marketing ou l'amélioration des produits.

Ces systèmes offrent également des rapports détaillés qui peuvent vous aider à prendre des décisions éclairées concernant votre entreprise. Les outils d'analyse intégrés vous permettent de voir quels produits sont les plus populaires, quelles sont les périodes de vente les plus actives, et de tirer parti de ces données pour affiner vos offres et vos stratégies de vente. Un système de rapport efficace peut fournir une compréhension plus profonde de l'état de votre entreprise et aider à construire une stratégie de croissance fondée sur des informations concrètes plutôt que sur des supputations.

Beaucoup de ces solutions mettent également à votre disposition un support technique via des communautés en ligne dynamiques. Les forums d'utilisateurs et les groupes de support permettent souvent d'accéder aux conseils d'autres entrepreneurs qui partagent les mêmes objectifs et les mêmes défis. Cette accessibilité à une réserve de connaissances communautaires est cruciale pour surmonter les obstacles sans assistance professionnelle coûteuse.

Enfin, en utilisant des systèmes de gestion de commandes gratuits, vous embrassez l'innovation ouverte. Cela signifie souvent que ces plateformes évoluent et s'améliorent en continu grâce à une communauté d'utilisateurs engagés qui contribuent à leur développement. Vous bénéficiez donc non seulement de logiciels gratuits mais de solutions vivantes, qui s'enrichissent et s'adaptent à mesure que les pratiques commerciales changent et progressent.

En résumé, les systèmes de gestion de commandes gratuits représentent un atout essentiel pour tout entrepreneur en e-commerce à petit budget. Ils offrent de la flexibilité, de l'efficacité et des fonctionnalités souvent comparables à celles des solutions payantes. En apprenant à tirer parti de ces outils dès le début de votre aventure, vous vous préparez à gérer efficacement la croissance de votre entreprise, toujours sans compromettre votre budget. L'intégration transparente avec d'autres aspects de votre infrastructure e-commerce fait de ces systèmes un choix naturel pour ceux qui souhaitent bâtir une entreprise en ligne durable et florissante, même à partir de zéro. Lorsqu'ils sont utilisés intelligemment, ces outils peuvent vraiment transformer votre vision du commerce en ligne en une réalité tangible et prospère.

Emballage et expédition à bas coût

Pour qu'un e-commerce prospère, il est nécessaire de maîtriser l'art de l'emballage et de l'expédition, bien souvent perçu comme une tâche coûteuse et laborieuse. Cependant, lorsqu'on démarre avec un budget de zéro euro, cela peut vite devenir un aspect de l'entreprise parfaitement gérable avec un peu d'ingéniosité et d'organisation. La première étape consiste à considérer l'emballage comme un outil de communication et de marketing à part entière.

Des solutions simples et économiques existent pour optimiser l'emballage. Par exemple, optez pour des boîtes en carton récupérées dans des magasins locaux qui souhaitent s'en débarrasser. Ces boîtes peuvent être transformées en emballage de transport efficace et écologique, tout en offrant une protection adéquate pour vos produits.

Une autre astuce est de privilégier le matériel d'emballage recyclable et biodégradable comme le papier kraft ou les particules de calage en amidon. Non seulement ces matériaux sont souvent plus abordables que les alternatives plastiques, mais ils reflètent également des valeurs écologiques qui sont devenues très chères aux consommateurs modernes. Il est également judicieux de personnaliser vos emballages en utilisant un simple tampon encreur avec votre logo. Ceci ajoute une touche personnelle et professionnelle qui rehausse l'expérience de déballage pour le client, à moindre coût.

L'aspect logistique de l'expédition génère souvent une certaine angoisse chez les nouveaux entrepreneurs en raison de sa complexité apparente. Cependant, avec une bonne organisation et la sélection de partenaires adéquats, cette tâche se révèle accessible. Les plateformes d'e-commerce offrent souvent des solutions d'expédition intégrées à tarifs réduits grâce à des partenariats avec des transporteurs. Lors de l'envoi de vos premières commandes, il est crucial de tester différent services pour trouver celui qui allie coût, efficacité, et rapidité. Par exemple, Mondial Relay ou Colissimo proposent des options adaptées aux petits expéditeurs avec la possibilité de déposer vos colis dans des points relais proches de chez vous, évitant ainsi des frais de déplacement.

Il est également judicieux de regrouper vos envois pour optimisers les coûts. En attendant d'atteindre un volume suffisant pour bénéficier de tarifs dégressifs, proposez des délais de livraison légèrement plus longs à vos clients en échange d'une baisse des frais d'envoi, ce qui peut constituer un argument de vente pour nombre d'entre eux. La transparence avec vos clients concernant vos options d'expédition est essentielle. Prévenez-les des jours d'expédition fixes par exemple. Mettre en place des alliances stratégiques avec des acteurs locaux de livraison à bas coût contribue également à monstrer légèrement les frais d'envoi.

L'emballage et l'expédition ne sont pas des bêtes noires insurmontables lorsque l'on se lance dans l'e-commerce sans budget. La clé réside plutôt dans l'exploitation judicieuse des ressources disponibles autour de vous et dans l'adoption de pratiques ingénieuses. Ce faisant, non seulement vous optimisez vos coûts, mais vous transformez ces étapes logistiques en un processus efficace qui améliore l'expérience client. Avec un peu de créativité et une compréhension des besoins des clients, il est possible de transformer l'emballage et l'expédition en atouts différenciateurs pour votre e-commerce, fidèle à votre ligne de conduite économique et raisonnée.

Relation avec vos clients : service après-vente gratuit

Dans l'univers de l'e-commerce, la relation avec vos clients est un pilier fondamental qui peut définir la trajectoire de votre entreprise. Lorsqu'on se lance avec un budget limité, il est crucial d'adopter des stratégies de service après-vente qui non seulement ne coûtent rien, mais qui ajoutent de la valeur à l'expérience client. Offrir un service après-vente gratuit et efficace ne doit pas être perçu comme une contrainte, mais plutôt comme une opportunité de créer des liens solides avec vos clients, transformant ainsi des transactions ponctuelles en relations durables.

Premièrement, il est essentiel de comprendre que le service après-vente commence avant que le client n'ait même passé commande. Il se forge à travers chaque interaction, chaque point de contact avec votre boutique en ligne. Ainsi, il est crucial d'établir une communication claire et accessible sur tous les aspects liés à vos produits. Cela peut se faire par le biais d'un FAQ bien documenté, d'articles de blog explicatifs, ou encore via une présence active et réactive sur les réseaux sociaux. Ce type de contenu non seulement informe vos clients potentiels, mais il soulage aussi vos futurs services après-vente de questions souvent répétitives ou de problèmes facilement évitables. C'est une idée particulièrement précieuse quand on gère son temps et ses ressources avec parcimonie.

Lorsque des clients passent à l'acte d'achat, il faut s'assurer qu'ils se sentent soutenus et sécurisés tout au long du processus. L'email de confirmation de commande est un outil crucial à cet effet et doit être conçu soigneusement. Il doit récapituler l'achat, offrir des conseils anticipatoires sur ce que l'acheteur peut attendre, et, très important, donner une idée précise des délais de livraison. Exploiter correctement cet email peut réduire considérablement l'anxiété post-achat et minimiser les demandes d'informations supplémentaires ou, pire, les réclamations. Intégrez-y un message chaleureux qui va renforcer la relation humaine même dans un commerce numérique.

Après la vente, soyez proactif. Par exemple, quelques jours avant la réception prévue des produits, envoyer un message de suivi personnalisé peut rassurer le client et montrer votre professionnalisme. Lorsqu'un problème survient, la rapidité et la qualité de votre réponse sont primordiales. Vous n'avez pas besoin de moyens technologiques sophistiqués pour y parvenir, mais une simple adresse email dédiée au service après-vente ou un formulaire de contact clairement visible sur votre site peuvent grandement améliorer l'accessibilité. Chaque interaction doit se faire avec courtoisie et empathie. Apprenez à reconnaitre la frustration d'un client déçu, excusez-vous sincèrement pour un retard ou un problème même minime, et surtout, proposez une solution rapide et adéquate. La capacité à transformer une expérience négative en une issue positive pour le client est souvent ce qui différencie de manière significative les entreprises prospères.

Adopter des outils gratuits comme les chatbots basiques ou les plugins de gestion de tickets peut aider à gérer efficacement et sans coût supplémentaire de nombreuses questions simples. N'oubliez pas que vos clients peuvent devenir non seulement fidèles, mais également vos meilleurs ambassadeurs. En traitant toute réclamation ou demande d'information avec le plus grand soin, vous incitez les clients à partager leur bonne expérience, souvent plus précieuse que toute campagne publicitaire coûteuse.

Puis, la réelle valeur du service après-vente réside dans sa capacité à récupérer et utiliser le retour d'expérience client pour améliorer constamment vos services et produits. Demander aux clients leur avis après chaque vente, par le biais d'un simple questionnaire en ligne ou d'un appel à commentaires sur les réseaux sociaux, peut fournir une mine d'informations. Non seulement ces avis vous aident à mieux comprendre vos clients, mais ils augmentent également la crédibilité de votre marque aux yeux de nouveaux clients potentiels. Répondre aux retours, y compris les critiques, avec une attitude constructive montre à vos clients que vous vous intéressez vraiment à leurs besoins et que vous êtes engagé dans une amélioration continue.

En fin de compte, l'établissement d'une relation forte et de confiance avec vos clients est un investissement qui ne nécessite pas de grands moyens financiers mais bien du temps, de l'effort et de l'authenticité. Une relation positive ne se construit pas en un jour, mais elle peut croître durablement, et ce, bien au-delà des limites d'un budget restreint. Avec chaque interaction réussie, vous rapprochez votre e-commerce d'une communauté fidèle, boostant ainsi votre avenir entrepreneurial.

Utilisation des avis clients pour la crédibilité

Les avis clients jouent un rôle crucial dans la crédibilité de tout commerce en ligne, et ceci est particulièrement vrai lorsque vous tentez de lancer votre e-commerce sans budget initial. Dans un monde numérique où le consommateur ne peut pas physiquement toucher ou essayer un produit, les témoignages et les retours d'autres acheteurs deviennent indispensables pour renforcer la confiance. Ainsi, se concentrer sur la récolte et l'exploitation efficace des avis clients peut devenir une de vos stratégies les plus puissantes pour attirer et sécuriser une clientèle fidèle sans dépenser un sou.

La première étape consiste à encourager vos clients satisfaits à laisser des avis détaillés et authentiques. Pour cela, il est essentiel de simplifier le processus de soumission d'avis. Assurez-vous que votre site web ou plateforme utilise des plugins gratuits ou des extensions qui permettent aux clients de déposer leurs témoignages en quelques clics seulement. De plus, une approche directe pour recueillir des avis peut être bénéfique : envoyez des e-mails personnalisés après l'achat pour remercier vos clients et solliciter leur retour. Cela vous permet non seulement de recueillir des avis précieux mais aussi de renforcer votre relation avec le client.

N'ayez pas peur de demander des commentaires même à vos proches lors de vos débuts, car chaque évaluation est une pièce du puzzle dans la bâtisse de votre réputation. Les avis ne doivent pas seulement être textuels – ils peuvent également inclure des étoiles et même des photos. Encouragez vos clients à partager des images de leurs achats, car cela enrichit la crédibilité et donne plus de profondeur et d'authenticité à leurs témoignages.

La mise en valeur de ces avis sur votre site est tout aussi cruciale. Placez les commentaires positifs de manière stratégique, sur vos pages produits et d'accueil, afin qu'ils soient parmi les premières choses que les visiteurs voient lorsqu'ils arrivent sur votre site. Le placement visible d'avis peut réduire les hésitations des clients potentiels et influencer positivement leur décision d'achat.

Mais ne sous-estimez pas l'importance des avis négatifs ou constructifs. Même si initialement ils peuvent paraître dommageables, ils offrent une chance précieuse de montrer votre engagement envers le service client. Répondez toujours rapidement et courtoisement aux critiques ou plaintes. Transformez ces interactions en opportunités pour démontrer votre professionnalisme et votre volonté d'amélioration continue. En montrant une face humaine et réactive, vous pouvez souvent retourner une situation négative à votre avantage, voire fidéliser un client qui aurait autrement choisi de ne pas revenir.

Les réseaux sociaux jouent un rôle d'amplificateur pour la voix de vos clients. Encouragez vos clients à partager leurs retours sur leurs comptes personnels et à vous taguer. Cela élargit non seulement votre portée mais rend également le retour d'expérience visible à leurs cercles sociaux, augmentant la chance d'atteindre de nouveaux clients potentiels. Vous pouvez aussi partager des avis positifs sur vos propres comptes professionnels pour créer une boucle continue de visibilité et de preuve sociale.

Si vous vendez sur des plateformes tierces comme Amazon, Etsy ou d'autres marketplaces gratuites, assurez-vous de prêter attention à leurs systèmes de critique et d'encourager les avis positifs. Ces plateformes ont des fonctionnalités intégrées qui permettent aux clients potentiels de classer leurs choix basés sur les évaluations, donc assurez-vous de maintenir une image positive et gérer efficacement votre e-réputation.

Enfin, utilisez les données des avis clients pour améliorer vos offres. Les opinions des clients peuvent fournir un regard éclairé sur les aspects de votre produit ou service qui nécessitent quelques ajustements. En exprimant publiquement votre prise en compte de leurs remarques et en montrant que vous apportez des changements en conséquence, vous bâtissez une fiabilité inébranlable. Non seulement cela capte l'attention des consommateurs existants, mais cela attire également de nouveaux acheteurs qui apprécieront votre transparence et votre dévouement à l'amélioration continue.

En somme, les avis clients sont bien plus qu'une simple validation; ils sont un levier puissant pour cultiver la confiance et favoriser une approche centrée sur le client. En les manipulant judicieusement, avec un accent sur l'authenticité et la réciprocité, vous pouvez non seulement élever la perception de votre marque mais aussi sécuriser un futur prospère pour votre e-commerce né avec des ressources limitées.

Chapitre 9
Construire une communauté autour de votre marque.

Utiliser les réseaux sociaux pour engendrer l'engagement

Dans le monde numérique d'aujourd'hui, les réseaux sociaux sont l'une des ressources les plus puissantes pour engager votre audience et bâtir une communauté dynamique autour de votre marque. L'astuce réside dans l'utilisation stratégique de ces plateformes pour créer du contenu qui résonne avec votre public cible et encourage activement l'interaction.

Lorsqu'on parle d'engagement sur les réseaux sociaux, il est essentiel de comprendre que la clé réside dans l'authenticité. Il ne s'agit pas simplement de poster des publicités ou de montrer la façade étincelante de votre marque, mais de raconter une histoire qui capte l'imagination et l'émotion de votre audience. En commençant par identifier clairement votre audience cible, vous pouvez alors personnaliser votre contenu pour résonner avec leurs valeurs, leurs besoins et leurs désirs. L'authenticité attire non seulement l'attention, mais elle établit aussi un lien de confiance, incitant vos abonnés à s'investir activement dans la conversation.

L'utilisation de contenus visuels puissants, tels que des images frappantes, des vidéos engageantes et des infographies claires, constitue un excellent moyen d'attirer l'attention. Les gens sont naturellement attirés par des visuelles attrayantes, et dans le flux incessant d'informations qui envahit les réseaux sociaux, un bon visuel peut faire toute la différence pour se démarquer. Par exemple, un court-métrage captivant sur les coulisses de votre entreprise ou une série de photos qui racontent l'histoire de la conception de vos produits peuvent susciter une curiosité naturelle et encourager plus de partages et de commentaires.

L'écoute sociale, ou social listening, est une autre technique essentielle dans votre arsenal pour engendrer de l'engagement. En surveillant les conversations pertinentes à votre marque ou aux produits que vous proposez, vous pouvez participer directement au discours en cours. Cela peut impliquer de commenter sur les publications de vos clients, de répondre rapidement aux questions et, de manière générale, d'être proactif dans vos interactions. Cette approche démontre votre engagement envers vos clients potentiels et crée une impression durable qui peut transformer des spectateurs passifs en participants actifs.

Créez des opportunités pour que vos abonnés partagent leurs opinions et leurs expériences. Poser des questions ouvertes dans vos publications ou organiser des sondages peut être un moyen efficace de stimuler les conversations. Non seulement cela favorise l'engagement de votre communauté, mais cela vous fournit également des retours précieux qui peuvent influencer votre stratégie commerciale future. Encouragez les utilisateurs à partager du contenu généré par eux-mêmes lié à votre marque, que ce soit sous forme de critiques, d'unboxing, ou d'histoires personnelles associées à l'utilisation de vos produits. En mettant en lumière ces contributions, vous renforcez le sentiment de communauté.

Il est également important de noter l'impact puissant des collaborations stratégiques. Collaborer avec des influenceurs ou d'autres marques qui partagent les mêmes valeurs ou qui ciblent une audience similaire à la vôtre peut considérablement amplifier votre portée. Les influenceurs apportent leur créneau spécifique de fidèles abonnés et leur endossement peut légitimer votre marque aux yeux d'un public plus large. Une telle collaboration, lorsqu'elle est bien exécutée, peut générer un buzz significatif et attirer de nouveaux membres dans la communauté naissante autour de votre marque.

Enfin, restez cohérent dans votre engagement. Publiez régulièrement et assurez-vous que votre contenu reste frais et pertinent. La cohérence construit non seulement la reconnaissance de la marque, mais elle maintient également votre marque à l'esprit des consommateurs. Lorsque les abonnés savent qu'ils peuvent s'attendre à du contenu pertinent d'une manière constante, ils restent engagés, revenant souvent pour plus.

Créer un véritable engagement sur les réseaux sociaux exige du temps et des efforts, mais les récompenses peuvent être énormes. En cultivant un sens authentique de la communauté et en encourageant les interactions honnêtes et transparentes, vous ne renforcerez pas seulement votre marque, mais vous inspirerez également fidélité et défense auprès de vos clients.

Créer des événements en ligne et des webinaires

Créer des événements en ligne et des webinaires, c'est comme ouvrir la porte à un monde d'interactions riches et passionnantes entre vous, votre marque, et votre audience. Dans le vaste univers numérique actuel, ces événements représentent des opportunités inestimables pour non seulement générer de l'engagement mais aussi pour établir un lien émotionnel avec vos clients potentiels.

Commencez par identifier le type d'événement qui résonne le mieux avec votre audience cible. L'avantage des événements en ligne et des webinaires est la flexibilité qu'ils offrent. Vous pouvez organiser des sessions de questions/réponses où les participants interagissent directement avec vous, posant des questions sur vos produits, votre domaine d'expertise, ou même sur l'histoire derrière votre marque. Cela non seulement instaure un climat de confiance, mais permet aussi aux participants de se sentir valorisés et écoutés.

Un autre format puissant est celui du tutoriel ou de la démonstration de produit en direct. Cela permet de montrer non seulement comment utiliser vos produits mais aussi de mettre en lumière leurs bénéfices spécifiques et les problèmes qu'ils résolvent. Les participants apprécient souvent la démonstration des solutions pratiques aux problèmes qu'ils rencontrent, ce qui peut influencer positivement leur décision d'achat.

L'organisation de webinaires éducatifs est également une stratégie gagnante. En partageant vos connaissances et votre expertise, vous positionnez votre marque comme leader d'opinion dans votre secteur. Tant que le contenu est pertinent et de haute qualité, il attirera des participants curieux, désireux d'en savoir plus, et susceptibles de devenir des clients fidèles. Ces sessions permettent aussi d'échanger avec d'autres experts de votre domaine, renforçant ainsi votre crédibilité et augmentant votre réseau professionnel.

La promotion de vos événements en ligne sur les réseaux sociaux est cruciale pour assurer une participation optimale. Créez une stratégie de communication efficace qui inclut des publications engageantes et attrayantes, de courtes vidéos teaser, et des invitations personnalisées. L'engagement avec votre public autour de l'événement doit également se prolonger en après événement avec des discussions post-webinaire ou des forums où les participants peuvent partager leurs impressions et poser des questions de suivi.

Un autre aspect clé est l'interaction en direct avec les participants pendant l'événement. Utilisez les outils de sondage instantané, tchat en direct, ou encore les salles de discussion pour encourager l'interaction en temps réel. Non seulement cela dynamise votre événement, mais cela permet aussi de récolter des témoignages immédiatement exploitables que vous pourrez utiliser dans vos futures stratégies marketing.

Enfin, il est essentiel d'obtenir du retour d'expérience après chaque webinaire. Envoyez des sondages de satisfaction, écoutez les critiques constructives pour ajuster non seulement le contenu mais aussi la structure de vos futures sessions. L'objectif est de toujours offrir un contenu adapté aux attentes et aux besoins de votre audience en constante évolution.

Souvenez-vous que chaque interaction lors de ces événements constitue une occasion de renforcer les liens avec votre communauté. Grâce à leur format peu coûteux voire gratuit, les webinaires offrent non seulement une approche éducative et informative mais aussi une méthode authentique de construire un sentiment d'appartenance autour de votre marque. Ainsi, chaque événement en ligne bien exécuté contribuera non seulement à l'élargissement de votre base de clients mais également à la construction d'une communauté fidèle, engagée et loyale. Exploitez cette opportunité avec créativité et passion, et vous verrez votre marque prospérer sans avoir à débourser le moindre centime.

Encourager les interactions entre clients

Pour réussir dans le commerce en ligne sans investir un centime, encourager les interactions entre clients est une stratégie essentielle qui peut transformer des acheteurs occasionnels en ambassadeurs passionnés de votre marque. Cette approche permet non seulement de bâtir une communauté engagée, mais également de tirer parti du pouvoir du bouche-à-oreille digital, souvent plus influent que n'importe quelle campagne publicitaire coûteuse. Dans un paysage où la compétition est rude, créer un environnement où vos clients se sentent connectés entre eux et avec vous peut faire la différence.

Les interactions entre clients ne se limitent pas à de simples discussions autour de l'achat d'un produit. Il s'agit de construire une conversation continue et authentique qui résonne avec leurs intérêts et valeurs communes. Pour y parvenir, les réseaux sociaux sont des outils incontournables. Ils offrent une plateforme dynamique où vous pouvez encourager vos clients à partager leurs expériences, avis, ou même leurs conseils d'utilisation des produits. En engageant votre public à travers du contenu interactif, comme des sondages ou des questions-réponses, vous permettez à vos clients de se sentir écoutés et valorisés. Cette interaction directe n'est pas seulement gratifiante pour le client, mais elle enrichit aussi votre compréhension de leurs besoins et attentes.

Plus que de simples transactions, ces interactions créent des souvenirs partagés et favorisent un sentiment d'appartenance. Il est important de susciter ces échanges avec finesse, en mettant l'accent sur la personnalisation. Pour cela, la mise en place de groupes dédiés sur des plateformes comme Facebook ou des forums sur votre site peut transformer vos clients en une communauté soudée. Dans ces espaces, les clients peuvent poser des questions, donner des recommandations, et partager des photos ou témoignages de leurs expériences. Cette approche stimule l'entraide et humanise votre marque, la rendant ainsi plus accessible et personnelle.

Organiser des concours et des campagnes de création de contenu généré par les utilisateurs est une autre méthode efficace pour inciter les interactions. En encourageant vos clients à partager leurs histoires ou illustrations avec votre marque en ligne, vous élargissez non seulement votre portée, mais vous enrichissez également votre contenu. Par exemple, en organisant un concours de la meilleure photo de produit, vous incitez les clients à se connecter, à voter et à commenter, ce qui renforce les liens au sein de la communauté.

La transparence joue aussi un rôle crucial. Partager votre processus

113

de développement de produit, par exemple, peut déclencher des discussions sur les améliorations et innovations possibles, incitant à un dialogue constructif et continu. Une telle stratégie permet non seulement de renforcer la fidélité à la marque, mais aussi d'améliorer vos offres grâce à des retours d'expérience directement exploitables.

Concevoir des événements en ligne, tels que des webinaires ou des sessions de discussion virtuelle, peut également favoriser les échanges. Ces espaces fournissent une plateforme pour des discussions en temps réel où clients et potentiels clients peuvent interagir, poser des questions et créer des relations. Lorsque ces événements sont conçus autour de sujets qui intéressent vos clients, ils deviennent des carrefours d'information où l'engagement se nourrit de l'interaction sociale.

Finalement, l'écoute sociale ne doit pas être sous-estimée. Il est essentiel de surveiller régulièrement les conversations qui ont lieu autour de votre marque, même celles qui ne sont pas initiées directement sur vos canaux. Participer à ces discussions peut parfois signifier intervenir dans des conversations sur des forums externes ou sur des réseaux de micro-blogging. Être présent là où vos clients se trouvent montre que leur voix compte, et que vous êtes engagé dans la construction d'une communauté véritable, attentionnée et réactive.

En résumé, encourager les interactions entre vos clients est un levier puissant qui, lorsqu'il est bien exploité, peut considérablement renforcer la notoriété de votre marque et sa crédibilité. En investissant du temps et de l'énergie dans la construction de ces relations, vous transformez votre entreprise en une véritable communauté, forgeant des liens authentiques qui favorisent la rétention et la conversion long terme. Ainsi, même avec un budget nul, une telle stratégie peut transformer la dynamique de votre business, reliant les clients entre eux de manière significative et impactante, tout en consolidant leur fidélité envers votre marque.

Fidéliser votre clientèle sans coût

Fidéliser sa clientèle sans débourser un centime peut sembler difficile, mais avec un peu de créativité et un engagement sincère envers vos clients, c'est un but parfaitement atteignable. La fidélité des clients ne repose pas uniquement sur des programmes de récompenses ou des points accumulés pour chaque achat. Elle est souvent bâtie sur de petites attentions personnelles qui font sentir à chaque client qu'il est valorisé et entendu. Cela commence par une communication authentique et constante avec votre communauté.

Prenez le temps de connaître vos clients et montrez-leur que vous appréciez leur présence et leur soutien. Utilisez les réseaux sociaux, qui sont des plateformes gratuites, pour interagir avec vos clients d'une manière personnalisée. Répondez rapidement et avec attention à leurs questions et commentaires. Adressez vos clients par leur prénom et faites référence aux achats précédents pour montrer votre attention envers leur parcours avec vous. Vous pouvez également solliciter leur avis et leur retour sur vos produits ou services. Cela vous permet non seulement d'améliorer votre offre, mais aussi de les inclure dans le développement de votre entreprise, renforçant ainsi leur sentiment d'appartenance.

Ensuite, impliquez vos clients dans l'histoire de votre marque. Racontez l'histoire derrière vos produits, partagez les moments de coulisses de votre entreprise et célébrez même les petites étapes importantes. En montrant le visage humain derrière l'entreprise, vous construisez une connexion plus forte et plus durable. Cela va au-delà des simples transactions commerciales. Quand les clients se sentent connectés à votre marque et à ses valeurs, leur fidélité s'en trouve renforcée. L'authenticité et la transparence sont essentielles dans ce processus.

Un autre moyen puissant de fidélisation est de valoriser vos clients actuels en créant un espace où ils peuvent interagir entre eux, échanger des conseils et partager leurs expériences avec vos produits. En facilitant ces interactions, vous favorisez la création d'une communauté dynamique et engagée. Par exemple, un groupe Facebook ou une plateforme de forum peut offrir aux clients un endroit où ils se sentent connectés les uns aux autres et à votre marque. Cela est particulièrement efficace car ce sont les clients eux-mêmes qui deviennent les ambassadeurs de votre marque.

La personnalisation du contenu et des messages est une autre stratégie efficace. Réfléchissez à la façon dont vous pouvez personnaliser vos communications pour mieux résonner avec chaque segment de votre clientèle. Que ce soit par le biais de newsletters ciblées, de messages directs pour anniversaires ou de reconnaissances d'achats spéciales, ces petites attentions peuvent avoir un impact important sur la perception qu'ont vos clients de votre marque. La personnalisation contribue à créer une expérience unique qui peut grandement influencer la fidélité des clients.

Proposez régulièrement des contenus éducatifs et inspirants qui apportent une réelle valeur ajoutée à vos clients. Un blog bien tenu, des tutoriels vidéo, des guides pratiques et des conseils en rapport avec vos produits peuvent aider vos clients à tirer le meilleur parti de ce qu'ils achètent chez vous. Non seulement cela crédibilise votre expertisé, mais cela instauré confiance par votre engagement à aider vos clients à réussir dans leur utilisation de votre produit ou service.

Pensez également à récompenser vos clients fidèles d'une manière inattendue. Bien sûr, vous pouvez opter pour des réductions ou des promotions spéciales, mais l'argent n'est pas le seul levier de satisfaction. Offrez des contenus exclusifs, des aperçus en avance ou l'opportunité de tester de nouveaux produits. Ces gestes montrent que vous tenez à reconnaître et à apprécier leur fidélité non pas en termes de valeur pécuniaire, mais de valeur relationnelle.

Enfin, assurez-vous que chaque interaction avec votre marque soit mémorable, de l'expérience sur votre site web au suivi après-vente. Un service client impeccable et proactif crée des souvenirs positifs qui construisent la fidélité. Parfois, réaliser des appels de suivi juste pour s'assurer qu'un produit a bien répondu aux attentes du client renforce la confiance et la satisfaction.

En résumé, fidéliser vos clients sans bourse déliée repose sur les relations et la constance des interactions que vous avez avec eux. Se montrer reconnaissant, authentique et engagé envers votre clientèle ne manquera pas d'avoir des retours positifs à long terme, renforçant ainsi la fondation sur laquelle votre entreprise prospère."

Chapitre 10
Utiliser les outils gratuits pour gérer votre e-commerce.

Exploiter Google Analytics pour les données

Dans le monde dynamique du commerce électronique, comprendre le comportement de votre clientèle est essentiel pour la croissance de votre entreprise. Google Analytics s'impose comme un outil incontournable pour recueillir et analyser ces précieuses informations, à un coût nul. Exploiter Google Analytics n'est pas juste un atout, mais une nécessité pour ceux qui débutent dans l'e-commerce sans budget. La première étape pour bénéficier de cet outil puissant consiste à configurer correctement un compte Google Analytics et à l'intégrer à votre site. Ce processus commence par la création d'un compte Google, si vous n'en possédez pas déjà un, et l'installation d'un code de suivi unique sur chaque page de votre site web. Ce petit bout de code est crucial ; c'est lui qui permettra à Google Analytics de collecter des données sur le comportement des visiteurs de votre site.

Une fois le code de suivi en place et les données commencées à s'accumuler, l'analyse peut débuter. L'interface de Google Analytics peut sembler intimidante au premier abord, mais elle est structurée autour de plusieurs rapports-clés comprenant notamment l'acquisition, le comportement et la conversion. Le rapport d'acquisition vous aide à comprendre comment les visiteurs arrivent sur votre site. Connaître les sources de trafic, qu'il s'agisse de recherches organiques, de publicités payantes, de réseaux sociaux ou de visites directes, est crucial pour orienter vos efforts marketing là où ils seront le plus efficaces. Cela vous permet également de voir quels mots-clés amènent le plus de visiteurs et où vous devriez concentrer vos stratégies d'optimisation des moteurs de recherche.

Le rapport sur le comportement quant à lui, est un véritable révélateur de l'efficacité de votre site en termes d'expérience utilisateur. Il vous permet non seulement de voir quelles pages suscitent le plus d'intérêt et retiennent le plus longtemps les visiteurs, mais aussi d'identifier les pages présentant des taux de rebond élevés qui indiquent que les visiteurs quittent votre site sans interagir avec lui. Cette information peut vous inciter à améliorer le contenu de ces pages ou à revoir leur conception pour mieux répondre aux attentes de vos visiteurs. Mieux comprendre le comportement de vos utilisateurs vous permet d'ajuster votre contenu ainsi que la structure de votre site afin d'améliorer l'engagement client.

Enfin, le rapport de conversion vous permet de suivre le parcours de vos visiteurs devenant clients. Si votre objectif est de vendre, ce rapport vous aide à suivre les conversions qui ont lieu sur votre site, telles que des achats, inscriptions à votre newsletter ou toute autre interaction précieuse. En traçant le chemin des visiteurs depuis leur arrivée jusqu'à la conversion, vous pouvez déterminer les obstacles potentiels sur leur parcours et trouver des moyens de les supprimer pour améliorer les taux de conversion rapidement.

Disposer de ces données à portée de main n'est toutefois que la moitié du travail. L'autre moitié constitue l'analyse et l'application de ces performances pour stimuler votre croissance. Détecter les tendances dans les données et ajuster vos stratégies en conséquence est crucial. Cela pourrait signifier consacrer plus de ressources à un canal de marketing qui fonctionne bien ou améliorer ceux qui sont sous-performants. Ceci nécessitera également d'adopter un certain état d'esprit basé sur l'expérimentation et l'optimisation continue. Essayez de nouvelles approches, évaluez leur impact grâce à Google Analytics, puis répétez le processus.

Google Analytics est une ressource inestimable qui transforme les aspirations d'identifier ce que fait votre public en informations claires et exploitables. Il rend visible l'invisible en traduisant le comportement de vos clients en données tangibles que vous pouvez exploiter pour améliorer votre activité sans frais supplémentaires. Un gestionnaire e-commerce intelligent utilisera ces données non seulement pour réagir, mais aussi pour anticiper les besoins de ses clients, créant ainsi des expériences plus engageantes et une satisfaction client accrue. En fin de compte, maîtriser Google Analytics vous offre non seulement une immersion dans votre marché cible mais permet également de prendre des décisions stratégiques éclairées qui guident la croissance de votre entreprise. Même avec un budget zéro, les informations que vous tirez de ces analyses enrichissent votre capacité à construire un e-commerce réussi et durable.

Gestion de contenu avec des outils gratuits

La gestion de contenu est une composante essentielle du commerce en ligne. Elle permet de créer, publier, et gérer l'ensemble des informations que vous diffusez sur le web. Pour un e-commerce lancé avec un budget limité à zéro euro, l'utilisation d'outils gratuits se révèle non seulement pragmatique, mais stratégique. Les ressources gratuites telles que les systèmes de gestion de contenu (CMS) offrent une solution puissante et flexible aux entrepreneurs désireux de construire une présence en ligne solide sans débourser un centime.

Le choix du bon CMS est crucial. Parmi les options gratuites les plus populaires, WordPress se distingue par sa flexibilité et sa richesse en fonctionnalités. Bien qu'initialement conçu pour le blogging, WordPress a évolué pour accueillir tous types de sites web, y compris les e-commerces. Grâce aux innombrables extensions gratuites disponibles, telles que WooCommerce, transformer votre site en une boutique en ligne fonctionnelle est à portée de main. L'interface intuitive de WordPress facilite la création et la gestion du contenu, même pour ceux qui n'ont aucune compétence technique.

En utilisant des thèmes gratuits, souvent conçus pour être réactifs et optimisés pour le référencement, vous pouvez concevoir un site attrayant qui s'adapte aux divers appareils et attire les moteurs de recherche.

Les créateurs de contenu doivent penser à l'expérience utilisateur autant qu'au contenu lui-même. Un bon contenu attire les visiteurs, mais c'est la présentation bien pensée qui les garde sur votre site. L'utilisation d'éléments visuels améliore significativement l'engagement ; or, il est aujourd'hui possible de créer des visuels attrayants sans recourir à des logiciels coûteux grâce à des outils gratuits comme Canva. Canva offre un éventail de modèles gratuits que vous pouvez adapter pour créer des bannières, des infographies, ou même des publications sur les réseaux sociaux. La simplicité de sa fonction glisser-déposer vous permet de créer des visuels professionnels en un rien de temps.

En parallèle, la gestion efficace du contenu écrit prime autant que sa création. Outils gratuits comme Google Docs ne sont pas seulement parfaits pour élaborer vos brouillons, mais aussi pour la collaboration et le partage. Vous pouvez travailler en temps réel avec des associés, accéder à vos documents de n'importe où, et intégrer des commentaires pour affiner votre contenu. En utilisant Google Workspace, vous avez aussi accès à Google Sheets, qui peut servir de base pour planifier votre calendrier éditorial, vous assurant que toutes les pièces de contenu soient bien programmées et exécutées à temps.

S'ajoutent aux CMS et aux outils graphiques, les plateformes de distribution de contenu comme Medium et LinkedIn qui permettent de diffuser vos articles à grande échelle sans coût financier. Bien qu'il soit parfois judicieux de créer un blog intégré à votre e-commerce, poster du contenu sur des sites bien établis peut accroître la portée de votre marque et diriger un trafic précieux vers votre site de vente.

En matière de référencement, l'optimisation pour les moteurs de recherche (SEO) est un pilier pour toute boutique en ligne. Les outils gratuits comme Yoast SEO, une extension WordPress, guident vos efforts de manière intuitive offrant des conseils sur la structure de vos textes, l'utilisation des mots-clés, ou encore le maillage interne. Servez-vous des fonctionnalités gratuites qui vérifient la lisibilité de votre texte, un aspect souvent négligé mais crucial pour l'engagement utilisateur.

Enfin, surveiller l'impact de votre contenu reste essentiel pour ajuster vos stratégies. Google Analytics, dans sa version gratuite, fournit une pléthore d'informations sur la performance de votre contenu. Il est crucial de suivre les taux de conversion, identifier les pages à fort rebond, et ajuster votre stratégie de contenu en conséquence. Observer quel type de contenu fonctionne le mieux peut vous guider dans vos futures créations, vous permettant de donner à votre audience ce qu'elle veut exactement.

Ainsi, la réussite dans la gestion de contenu avec un budget nul repose sur l'exploitation astucieuse des abondantes ressources gratuites à votre disposition. De la création à la gestion, chaque outil que vous adoptez doit être non seulement adapté à vos besoins actuels, mais également capable de grandir avec vous à mesure que votre e-commerce se développe. Ce sont ces fondations solides que vous posez aujourd'hui qui porteront les fruits de votre dur labeur demain. Avec perspicacité et détermination, les barrières financières s'estompent, laissant place à une créativité infinie pour propulser votre commerce vers de nouveaux horizons.

Planifier vos réseaux sociaux avec des outils gratuits

Planifier vos réseaux sociaux de manière efficace est un levier essentiel pour faire connaître votre e-commerce et attirer une clientèle engagée. Dans ce chapitre, nous allons explorer comment vous pouvez tirer pleinement parti des outils gratuits disponibles pour organiser votre présence sur les réseaux sociaux sans dépenser une fortune. La première étape consiste à comprendre l'importance d'une planification rigoureuse. Lorsque vous planifiez à l'avance, vous ne laissez rien au hasard et vous assurez une cohérence dans vos publications qui augmente votre crédibilité et votre professionnalisme en ligne.

Pour commencer, il est important de se familiariser avec les principaux réseaux sociaux comme Facebook, Instagram, Twitter, et LinkedIn, ainsi que de cerner où se trouve votre public cible. Chaque plateforme a ses propres codes et il est crucial de les comprendre pour adapter votre contenu en conséquence. Une fois cette phase d'analyse terminée, le défi est de structurer votre calendrier de publications. L'une des meilleures manières de le faire sans frais est d'utiliser des outils de planification gratuits tels que Buffer ou Hootsuite, qui proposent des versions freemium. Ces outils permettent de programmer vos posts à l'avance, de gérer plusieurs comptes de réseaux sociaux à partir d'une seule interface et ainsi vous faire gagner un temps précieux.

Buffer, par exemple, est particulièrement utile pour les débutants grâce à son interface intuitive. Vous pouvez créer un calendrier de contenu hebdomadaire et planifier vos publications aux moments où votre audience est la plus active, augmentant ainsi vos chances d'interaction. De plus, la version gratuite offre des analyses qui vous aideront à comprendre quel type de contenu fonctionne le mieux auprès de votre public. Un autre outil populaire, Hootsuite, offre des fonctionnalités similaires avec la possibilité de suivre la performance de vos publications sur plusieurs plateformes à la fois. Cela vous permet de comparer le taux d'engagements entre différents types de posts et d'ajuster votre stratégie en conséquence.

En parallèle, il est crucial de maintenir une certaine authenticité et originalité dans vos contenus. Pour ce faire, vous pourriez tirer parti de Canva, une plateforme de design graphique qui dispose d'une version gratuite. Canva est parfait pour créer des visuels attractifs qui captent l'attention de votre audience. Réaliser des visuels de qualité ne nécessite pas d'être graphiste, grâce aux nombreux modèles prédéfinis et faciles à personnaliser proposés par Canva. En ayant un arsenal de visuels prêts, vous pouvez les intégrer directement dans votre calendrier de publications sur Buffer ou Hootsuite.

L'étape suivante dans l'organisation de vos réseaux sociaux consiste à interagir régulièrement avec votre communauté. Les réseaux sociaux ne sont pas une voie à sens unique, et il est essentiel de répondre aux commentaires, aux questions et même aux critiques que vous recevez. Tirer profit des notifications et des fonctionnalités de messagerie de plateformes comme Facebook ou Instagram peut vous aider à rester en contact avec votre audience, sans avoir besoin d'outils payants. En développant une relation de proximité avec vos clients potentiels, vous construisez une communauté fidèle et augmentez vos chances de conversion.

Enfin, pensez à examiner régulièrement les résultats de vos stratégies de réseau. Les outils de planification gratuits vous donnent accès à des données et des insights précieux sur vos publications. Utiliser ces informations pour évaluer et ajuster votre stratégie est essentiel pour maximiser votre impact sans avoir à dépenser d'argent. Par exemple, si certaines publications reçoivent plus de clics que d'autres, il peut être utile de créer un contenu semblable ou de creuser plus profondément dans des sujets qui intéressent clairement votre audience.

En résumé, bien que le succès sur les réseaux sociaux ne soit pas instantané, une planification prudente et l'utilisation habile d'outils gratuits peuvent vous placer sur la bonne voie pour construire une présen

Utiliser des applications de gestion de projet gratuites

Dans le monde du e-commerce où chaque centime compte, les entrepreneurs en herbe peuvent souvent se retrouver submergés par les innombrables tâches à accomplir. Heureusement, il existe une myriade d'applications de gestion de projet gratuites qui peuvent grandement faciliter la tâche aux créateurs d'entreprises sans fonds initiaux. Ces outils offrent un cadre structuré pour surveiller, organiser et prioriser chaque étape du projet e-commerce, tout en encourageant la communication fluide et la collaboration au sein d'une équipe, même si elle est petite ou entièrement virtuelle.

L'une des premières applications qui vient à l'esprit est Trello, une plateforme intuitive basée sur la méthode kanban. Elle permet aux utilisateurs de créer des cartes et d'organiser leurs tâches sous forme de colonnes, souvent représentées par les différentes étapes d'un projet comme "à faire", "en cours" et "terminé". Cette organisation visuelle aide à maintenir une vue d'ensemble sur le processus et à éviter les retards. Trello est particulièrement apprécié pour sa simplicité et sa flexibilité, rendant son utilisation quasiment ludique pour les novices des outils de gestion. Pour les équipes grandissantes, elle offre la possibilité d'inviter d'autres membres, permettant ainsi de répartir les responsabilités et de suivre les contributions de chacun.

Trello n'est cependant qu'une option. Asana est une autre application qui se distingue par sa capacité à gérer des projets plus complexes. Avec Asana, vous pouvez diviser vos projets en tâches plus petites, attribuer ces tâches à vos équipiers et fixer des dates d'échéance. Cette fonctionnalité est cruciale pour les entrepreneurs e-commerce qui jonglent souvent avec la création de contenu, la gestion des commandes et les requêtes des clients. Grâce à la vue "timeline", Asana permet d'anticiper les goulots d'étranglement potentiels, en réorganisant le travail pour atteindre les objectifs dans les temps impartis. De plus, cet outil propose des intégrations avec de nombreuses autres applications gratuites, comme Slack pour la communication ou Google Drive pour le partage de fichiers, enrichissant encore plus son écosystème de gestion efficace.

Pour ceux qui aiment être sur la route et ont besoin d'un accès constant aux données, Notion présente une alternative séduisante. Notion combine des notes, une base de données et un gestionnaire de tâches dans une interface unique et intégrée. Plutôt que de jongler entre différentes applications pour rédiger des idées, suivre les tâches et stocker les documents, Notion les rassemble toutes sous un même toit. Chaque page dans Notion peut être transformée en une base de données, un document de notes, ou un tableau kanban, ce qui permet une personnalisation extrême. L'interface claire et minimale encouragera l'auto-discipline en tant qu'entrepreneur, obligeant à rester concentré sur les priorités principales.

Dans le laboratoire du e-commerce bootstrappé, l'efficacité et la productivité sont des objectifs de chaque instant. Ainsi, simplifier la communication est vital, et c'est là qu'intervient l'application Slack. Bien évidemment, Slack est souvent perçu comme un simple outil de messagerie, mais ses capacités dépassent de loin cette simple fonctionnalité. Elle permet la création de diverses chaînes sur lesquelles les membres de l'équipe peuvent discuter de projets spécifiques ou de thématiques précises, réduisant ainsi le besoin de réunions physiques fréquentes. C'est un espace virtuel où la collaboration en temps réel s'avère aussi dynamique et interactive que directe.

Au fur et à mesure que vous plongez dans votre aventure e-commerce, la gestion efficace du temps devient l'une de vos principales priorités. C'est là qu'une application comme Clockify entre en scène. Clockify est un outil de suivi du temps qui vous permet de mesurer combien de temps vous passez sur chaque activité, afin d'identifier vos pertes de temps et d'optimiser votre planning en conséquence. Cette application est particulièrement utile lorsque votre entreprise se développe et que vous commencez à devoir jongler avec plusieurs tâches différentes en même temps.

Pour conclure, dans l'arène du e-commerce sans budget, tirer parti d'outils gratuits de gestion de projet n'est pas seulement une façon intelligente de gérer ses opérations, mais une nécessité absolue pour rester compétitif. Les entrepreneurs qui adoptent ces outils découvrent souvent qu'ils peuvent non seulement surveiller et exécuter plus efficacement les différentes étapes de leurs projets, mais aussi libérer du précieux temps, leur permettant ainsi de se concentrer sur la stratégie à long terme et l'épanouissement de la vision de leur entreprise. Gardez en tête qu'avec toutes ces ressources à votre portée, l'excuse du manque de ressources financières ne devrait jamais constituer une barrière à votre succès entrepreneurial. Ces outils sont là pour propulser votre entreprise à un nouveau niveau, sans semer la confusion ou engendrer des dépenses supplémentaires, incarnant merveilleusement bien l'esprit du bootstrapping audacieux.

Chapitre 11

Cultiver un état d'esprit entrepreneurial.

Surmonter les obstacles mentaux du e-commerce

Plonger dans le monde du e-commerce sans ressources financières peut sembler une tâche ardue, presque insurmontable. Cependant, surmonter les obstacles mentaux liés à ce défi pourrait bien être l'étape la plus cruciale et transformative de votre cheminement entrepreneurial. Souvent, les plus grandes barrières que rencontrent les nouveaux entrepreneurs ne sont ni financières ni physiques, mais mentales. Les doutes, les peurs et les hésitations sont des compagnons constants pour ceux qui s'aventurent sur le chemin de l'entrepreneuriat. Pour réussir, il est impératif de comprendre ces obstacles, de les reconnaître et surtout, de les surmonter.

Quand on pense à lancer un e-commerce sans budget, la première pensée est souvent le doute de la faisabilité. Pourtant, reconnaître que cette incertitude est normale et faire face à ses peurs est déjà un grand pas en avant. La peur de l'échec, la peur de ne pas être à la hauteur ou le souci de ne pas être bien accueilli par le marché peuvent paralyser n'importe qui, même l'entrepreneur le plus déterminé. Apprendre à côtoyer ces peurs et à les comprendre comme un élément naturel du processus entrepreneurial est essentiel. Chaque entrepreneur, à un moment ou à un autre, doit composer avec l'incertitude. Mais au lieu de considérer les incertitudes comme des obstacles, envisagez-les comme des opportunités pour éprouver votre résilience et renforcer votre capacité à naviguer dans un environnement incertain.

La résilience permet de tourner les échecs apparents en tremplins vers la réussite. Il est inévitable de rencontrer des difficultés en cours de route. Mais avec une approche résiliente, chaque revers devient une leçon apprise, chaque erreur ouvre la porte à une nouvelle stratégie et chaque obstacle contribue à la croissance personnelle et professionnelle. Cultivez la patience et la persévérance pour vous adapter à des situations évolutives. Cette capacité d'adaptation est non seulement vitale pour surmonter les obstacles, mais elle est au cœur de l'innovation, permettant de réinventer continuellement vos approches, vos processus et même vos produits.

La créativité est une alliée précieuse dans cette démarche. En matière d'entrepreneuriat, la créativité ne se limite pas à la conception de produits uniques ou à des stratégies marketing astucieuses. Elle inclut également la capacité de penser différemment pour surmonter les défis mentaux. Parfois, il s'agit simplement de voir un problème sous un nouvel angle, d'imaginer des solutions que personne n'avait envisagées auparavant, ou de créer de la valeur là où peu d'autres le voyaient. Adopter une mentalité créative ouvre des portes insoupçonnées et transforme les ressources limitées en actifs précieux. Apprenez à sortir des sentiers battus, enjeu majeur pour repérer des opportunités là où apparemment, il n'y en a pas.

Puisez dans les histoires inspirantes des autres pour étoffer votre confiance et élargir vos horizons. Regarder autour de vous les modèles d'entrepreneurs qui ont réussi malgré des débuts modestes et des obstacles apparemment insurmontables peut servir de motivation. L'histoire entrepreneuriale regorge d'exemples de personnalités qui, avec peu de capitaux, ont créé des empires grâce à une volonté de fer et une conviction sans faille en leur vision. Ces témoignages illustrent non seulement que vous n'êtes pas seul dans cette entreprise, mais démontrent également que les obstacles mentaux peuvent être franchis par la passion et la détermination. Ils prolongent, dans le point de vue des nouvelles générations d'entrepreneurs, l'image d'un avenir réalisable et tangible pour quiconque choisit de persévérer.

À travers cette aventure passionnante qu'est l'e-commerce, et encore plus avec un budget nul, réajuster son état mental est une conquête en soi. Un entrepreneur averti se prépare mentalement pour les aléas de ce parcours. En développant une profonde connaissance de soi, en s'armant de résilience, de créativité, et en s'inspirant de réussites passées, chaque défi franchi devient une pierre milliaire de plus sur la route de l'accomplissement. Les obstacles inconnus peuvent sembler intimidants, mais sachez qu'ils deviennent des alliés une fois que vous commencez à croire en votre capacité à les surmonter, transformant chaque épreuve en une étape vers un succès durable.

La résilience face aux échecs

Dans le monde compétitif de l'e-commerce, la question n'est pas de savoir si vous allez rencontrer des échecs, mais quand cela se produira. Pour les entrepreneurs qui débutent, surtout avec un budget nul, la résilience face aux échecs devient une compétence cruciale et déterminante pour le succès à long terme. La résilience dans le contexte de l'entrepreneuriat ne signifie pas seulement surmonter les obstacles externalisés et évidents, mais également gérer les échecs internes tels que les doutes personnels et la fatigue mentale. Comprendre que chaque échec est une étape vers la réussite permet de transformer ces expériences en puissants leviers d'apprentissage plutôt que de simples barrages routiers insurmontables.

Les échecs fréquents et inévitables dans le domaine de l'e-commerce sont souvent liés à des prévisions de marché incorrectes, des choix de produits erronés ou des stratégies de marketing inefficaces. Il est facile de se laisser abattre par la désillusion quand une idée échoue, surtout dans un contexte où les investissements et ressources semblent limités. Cependant, ce qu'il faut retenir, c'est que chaque erreur offre une occasion unique d'apprendre et de pivoter vers une meilleure stratégie. Une des clés pour y parvenir est d'adopter une perspective positive : considérer les échecs comme des opportunités de se réinformer. Cette approche non seulement renforcera votre résilience, mais elle réaffirmera aussi votre détermination à réussir au sein de cet environnement compétitif.

Faire preuve de résilience, ça commence par développer une mentalité de flexibilité et d'adaptabilité. Il est essentiel de ne pas se laisser emprisonner par des idées figées. L'e-commerce est un secteur en perpétuelle évolution, ce qui demande aux entrepreneurs de rester ouverts, d'ajuster les voiles au gré des tendances du marché et des nouveaux outils technologiques. Parfois, ce qui fonctionne aujourd'hui pourrait nécessiter des ajustements mineurs ou même une remise à zéro totale demain. Cette capacité à évoluer avec le marché, à demeurer alerte et réactif aux changements, garantit que l'adversité d'aujourd'hui peut devenir le tremplin de demain.

En intégrant la résilience comme un des piliers de votre démarche entrepreneuriale, il vous faudra aussi accepter et évoluer à partir des critiques constructives. Plutôt que de voir la critique comme un jugement ou un échec, envisagez-la comme un miroir qui reflète des dimensions de votre entreprise qui pourraient bénéficier d'améliorations. Convertir ces retours en exploration approfondie de solutions alternatives conduit souvent à une meilleure compréhension des besoins et attentes de votre marché cible et, par extension, à des améliorations tangibles de vos pratiques commerciales.

Par ailleurs, un échec dans votre parcours entrepreneurial mettra au défi votre sens de la persévérance. À chaque revers, il devient essentiel de se reconnecter avec votre motivation initiale. Pourquoi avez-vous choisi l'e-commerce ? Quelles valeurs comptent le plus pour vous dans cette aventure ? En revisitant régulièrement les fondements de votre motivation, vous renforcez non seulement votre endurance face aux difficultés, mais réaffirmez également votre engagement à réussir malgré les obstacles. Cette pratique vous donnera un regain de perspective et de force pour continuer.

La solitude peut aussi constituer une grande épreuve de résilience pour les entrepreneurs en solo, augmentant le fardeau psychologique face aux échecs. Cependant, s'entourer d'une communauté partageant les mêmes objectifs et challenges peut offrir un soutien crucial. Cette communauté ne fournira pas seulement des conseils et une oreille compatissante, mais elle pourra aussi inspirer par ses réussites. L'engagement au sein de groupes ou de cercles d'entrepreneurs peut fournir des perspectives nouvelles et renouveler votre inspiration brave face à l'adversité.

En conclusion, cultiver la résilience implique d'adopter une combinaison de mentalité ouverte, de réponse agile aux échecs, de persévérance ancrée dans la motivation et de soutien communautaire bienveillant. Cela transforme le domaine de l'e-commerce en un terrain fertile non seulement pour les apprentissages personnels, mais aussi pour un succès commercial inattendu, démontrant ainsi qu'avec résilience, chaque trip que vous rencontrerez pourrait vous rapprocher un peu plus de l'accomplissement de votre vision entrepreneuriale. Cela transforme chaque crise en opportunité, et chaque échec en potentiel non encore réalisé, ouvrant la voie vers une entreprise viable et prospère indépendamment de la la contrainte financière initiale.

L'importance de la créativité dans l'entrepreneuriat

Dans le monde de l'entrepreneuriat, la créativité n'est pas seulement un atout, elle est souvent la clé du succès. Lorsqu'on envisage de lancer un e-commerce avec un budget de zéro euro, la créativité devient non seulement importante, elle est vitale pour transformer les contraintes en opportunités. À l'ère numérique où le paysage commercial est en constante évolution, être créatif offre aux entrepreneurs la capacité de se démarquer dans un marché saturé.

La créativité permet de reconsidérer les approches conventionnelles et de repenser la manière dont on peut atteindre ses objectifs, même avec des ressources limitées. Elle pousse à remettre en question l'idée que le succès nécessite toujours des investissements financiers importants. Par exemple, alors que certains pourraient penser que le développement d'un site web professionnel nécessite un budget onéreux, un esprit créatif peut explorer des logiciels open-source gratuits ou utiliser des plateformes de création de sites web gratuits pour établir une présence en ligne attrayante et fonctionnelle. La créativité permet de transformer des idées simples en actions percutantes, ce qui est particulièrement crucial lorsqu'on commence avec peu ou pas de capital.

En outre, la créativité joue un rôle essentiel dans la définition d'une proposition de valeur unique. Dans un espace numérique où le nombre de boutiques en ligne ne cesse de croître, se distinguer est essentiel. La façon d'aborder une niche de marché ou d'offrir des produits de manière innovante peut faire une grande différence. Un entrepreneur créatif ne se contente pas de suivre la tendance, il cherche à comprendre les besoins non satisfaits de ses clients potentiels et à y répondre de manière inventive. Cela pourrait se traduire par une approche novatrice du service client, une personnalisation exceptionnelle des produits, ou la création d'expériences en ligne mémorables qui fidélisent la clientèle sans nécessiter de budget marketing important.

La capacité d'adaptation, placée au cœur de la créativité, est une qualité précieuse dans l'entrepreneuriat en ligne. Chaque obstacle rencontré peut représenter une nouvelle opportunité d'innover. Par exemple, si des restrictions budgétaires empêchent l'achat de matériel pour la photographie de produits, un entrepreneur créatif pourrait envisager des partenariats collaboratifs ou utiliser une approche do-it-yourself avec les ressources disponibles pour capturer des images attrayantes de ses produits. Cette capacité à transformer les obstacles en catalyseurs de changement et d'innovation fait partie intégrante du succès entrepreneurial.

Par ailleurs, utiliser la créativité pour maximiser la visibilité sans investissement financier repose souvent sur l'utilisation ingénieuse des réseaux sociaux et d'autres outils numériques gratuits. Créer un contenu engageant et viral, utiliser des tendances de réseau social pour gagner en visibilité ou organiser des concours sans dépenses peut souvent générer une portée significative sans débourser un centime. Il s'agit d'interagir de manière authentique et originale avec une audience, de créer des narrations captivantes autour des produits ou du service et d'inciter à partager l'histoire du e-commerce avec leur propre réseau.

La créativité favorise également la collaboration et le développement de réseaux avec d'autres entrepreneurs, ce qui est inestimable dans un monde où l'entraide peut être bien plus efficace que l'individualisme. Mettre en commun des ressources, échanger des idées, et partager des conseils et soutiens dans des communautés de startups enrichit le parcours entrepreneurial tout en insufflant de nouvelles perspectives et inspirations qui ne coûtent rien mais peuvent rapporter gros.

Cependant, pour qu'un tel esprit créatif soit nourri et se développe, l'entrepreneur doit investir dans lui-même. Cela signifie rester curieux, s'ouvrir aux expériences, et dépasser les limites traditionnelles de l'imagination. Il s'agit d'adopter une mentalité de croissance qui voit chaque obstacle comme une opportunité d'apprentissage et chaque échec potentiel comme une chance de redéfinir le succès. La créativité ne concerne pas seulement la résolution de problèmes techniques ou esthétiques, mais englobe une approche holistique pour faire face aux challenges de la vie entrepreneuriale.

En essence, la créativité est l'énergie motrice qui permet aux entrepreneurs de transformer une idée brute en une réalité tangible. Ce n'est pas seulement une compétence ou un trait, c'est une habitude, une manière de concevoir le monde et les affaires dans un espace en perpétuel mouvement. À travers elle, les entrepreneurs peuvent non seulement survivre mais prospérer dans l'univers complexe du e-commerce, prouvant que le succès ne dépend pas uniquement des ressources dont on dispose, mais de la manière dont on sait les exploiter de manière nouvelle et inspirante.

S'inspirer des réussites des autres

S'inspirer des réussites des autres est une stratégie puissante et accessible pour tout entrepreneur en herbe, notamment dans le monde du e-commerce. Les histoires de ceux qui ont surmonté des défis similaires et qui ont réussi à transformer leurs idées en entreprises florissantes peuvent être des phares dans notre propre parcours entrepreneurial. Ces récits de réussite nous aident à voir les opportunités là où il semble n'y avoir que des obstacles et nous motivent à persévérer même lorsque les choses se compliquent.

Lorsque l'on examine le parcours des entrepreneurs qui ont réussi dans le domaine de l'e-commerce sans capital de départ, plusieurs éléments communs émergent et nous montrent qu'il n'est pas toujours nécessaire d'avoir une grosse somme d'argent pour débuter. Prenons le cas de Sarah, une jeune passionnée de mode qui, en l'absence de fonds pour lancer sa propre ligne de vêtements, décida d'utiliser Instagram pour partager ses créations. À travers sa persévérance, elle réussit à attirer une audience significative intéressée par ses produits, ce qui lui a permis d'engager des collaborations avec des influenceurs. Peu à peu, Sarah parvenait à transformer sa passion en une entreprise rentable sans jamais faire de dépenses démesurées pour du marketing traditionnel.

Des histoires comme celle de Sarah nous rappellent que la première étape consiste souvent à tirer parti des ressources gratuites à notre disposition – comme les réseaux sociaux – pour tester nos idées et atteindre notre public cible. Internet regorge de plateformes où partager, à peu de frais, nos produits ou services, et ces canaux peuvent offrir une visibilité immédiate, nous permettant de créer une base de clients potentiels. En observant comment d'autres ont maximisé ces opportunités pour gagner en notoriété, on s'ouvre à des approches que l'on n'aurait peut-être pas envisagées seul.

Un autre exemple inspirant est celui de John, un passionné de nouvelles technologies qui avait une idée novatrice pour des accessoires de téléphones portables. N'ayant pas d'argent pour développer ses produits dans un environnement traditionnel, il se tourna vers le crowdfunding. En réussissant à mobiliser une communauté autour de son projet, il parvint non seulement à collecter les fonds nécessaires pour son premier prototype, mais également à valider l'intérêt de son produit sur le marché. Cette approche consiste à mobiliser des contributions de particuliers sur une plateforme dédiée, et c'est un moyen brillant de contourner le financement conventionnel, à condition de savoir comment susciter l'enthousiasme et la confiance.

S'inspirer des succès des autres, c'est aussi accepter l'idée que l'échec fait partie intégrante du cheminement vers la réussite.

140

Nombreux sont ceux qui ont connu des revers nombreux et variés avant de réussir leur percée. Par exemple, Lina, qui s'est lancée dans la vente en ligne de produits artisanaux, a d'abord échoué dans ses trois premières tentatives de lancement de produit. Cependant, grâce à une analyse minutieuse des réactions de ses clients et une persévérance sans faille, elle ajusta son offre, se rapprocha de son marché cible, et finit par établir une entreprise prospère. Ces échecs, loin d'être des marques de défaite, étaient des étapes d'apprentissage essentielles, où elle a acquis des informations cruciales pour moduler sa stratégie.

En prenant le temps d'étudier les parcours de ceux qui ont réussi, les entrepreneurs débutants peuvent aussi découvrir des astuces pour surmonter leurs obstacles personnels. Par exemple, comprendre comment un autoproclamé introverti a conçu de brillantes campagnes marketing peut inspirer ceux qui hésitent à se mettre en avant ou face à leur public. De telles histoires montrent qu'il existe une multitude de manières d'aborder les défis personnels que l'on rencontre en construisant une entreprise.

Les parcours de ces entrepreneurs ne sont pas seulement des témoignages éclatants de succès, ils nous offrent aussi des perspectives diversifiées sur la manière de se faufiler dans les complexités du commerce électronique. De ces récits émanent des leçons qui ne figurent pas dans les manuels, mais qui sont vitales pour réussir avec une approche non conventionnelle. Que l'on travaille dans la mode, la technologie, ou encore les biens artisanaux, ces réussites prouvent que l'audace, la persistance et une intention claire peuvent emmener un entrepreneur loin. C'est en observant, en comprenant, et en apprenant des chemins tracés par d'autres que nous pouvons, à notre manière, tracer notre propre route dans l'univers concurrentiel de l'e-commerce, même en partant de zéro.

Finalement, l'inspiration que l'on tire des réussites des autres allume cet espoir qu'il est possible de créer du possible à partir de l'impossible, qu'un rêve même sans capital peut éclore et prospérer dans l'environnement numérique. Ces récits influencent ainsi profondément notre état d'esprit, nous insufflent la détermination nécessaire et nous rappellent qu'avec créativité et résilience, chaque challenge peut être transformé en opportunité. Ainsi, nous avançons confiants vers la matérialisation de notre vision entrepreneuriale, inspirés par les réalisations de ceux qui ont parcouru le chemin avant nous.

Chapitre 12
Développer son réseau
professionnel.

Utiliser LinkedIn sans débourser

Créer un réseau professionnel puissant peut sembler un défi de taille, surtout avec un budget limité. Cependant, LinkedIn offre une pléthore de possibilités pour développer des relations professionnelles solides sans nécessiter d'investissement financier. LinkedIn, souvent décrit comme le réseau social des professionnels, est plus qu'un simple site pour déposer votre CV. C'est un outil dynamique pour élargir votre champ de connexion et accroître votre visibilité professionnelle, même sans un euro en poche.

Pour débuter, une attention particulière doit être consacrée à l'optimisation de votre profil. Celui-ci doit incarner à lui seul votre marque professionnelle. Commencez par une photo de profil claire et professionnelle. Elle doit inspirer confiance et refléter votre domaine d'activité. La prochaine étape est la rédaction d'une accroche captivante qui résume vos compétences clés, vos ambitions, et ce que vous pouvez offrir aux autres. La section "À propos" est une occasion en or de raconter votre histoire de manière engageante, en mettant en avant votre passion pour le domaine dans lequel vous vous lancez.

Construire un réseau influent sur LinkedIn débute par la connexion avec les bonnes personnes. Cherchez à établir des relations avec des professionnels de votre domaine d'intérêt, des mentors potentiels, ainsi que des influenceurs reconnus. Utilisez la fonction de recherche pour découvrir des profils inspirants et engagez la conversation avec eux en envoyant des invitations personnalisées. Plutôt que de dépendre uniquement de connexions aléatoires, il est judicieux de faire des recherches approfondies sur les individus que vous souhaitez joindre. Prenez le temps de comprendre leurs intérêts et leurs contributions sur la plateforme, puis soumettez des demandes de connexion accompagnées d'un message qui explique sincèrement pourquoi vous souhaitez vous connecter avec eux. Ce geste personnalisé suscite souvent plus d'ouverture et d'intérêt.

L'engagement sur LinkedIn est une stratégie clé pour tirer le meilleur parti de la plateforme sans coûts. Pour que votre réseau soit actif et en croissance, il est essentiel de contribuer régulièrement et de manière substantielle. Participez à des discussions dans des groupes pertinents où vous pouvez échanger des idées et des conseils. Publiez régulièrement du contenu pertinent et engageant, qu'il s'agisse de vos propres écrits, de partages d'articles inspirants, ou de vos réflexions sur des tendances industrielles. Chaque interaction est l'occasion de renforcer votre présence en ligne, de démontrer votre expertise, et de vous établir comme un acteur proactif dans votre domaine.

N'oubliez pas l'importance de suivre les influenceurs, les experts et les pages de votre secteur. Cette stratégie vous permet de vous tenir informé des dernières nouvelles et des avancées dans votre domaine tout en vous offrant la chance d'instantanément réagir ou de commenter les publications de ces leaders d'opinion. Avec cette approche proactive, vous augmentez vos chances d'être remarqué par d'autres personnes influentes dans votre secteur, ouvrant ainsi de nombreuses possibilités pour de futures collaborations ou partenariats.

LinkedIn offre également de nombreuses fonctionnalités utiles, même sans abonnement payant. Par exemple, utiliser votre fil d'actualités pour identifier des opportunités que d'autres vous ont partagées gratuitement est fort judicieux. Cet investissement en temps, même limité à quelques minutes par jour, peut débloquer des opportunités insoupçonnées sans que vous n'ayez jamais à débourser quoi que ce soit.

En conclusion, LinkedIn est une plateforme puissante pour construire et maintenir un réseau professionnel solide sans investir de l'argent. L'importance réside dans la manière méthodique et créative dont vous exploitez ses outils gratuits, optimisant chaque interaction pour accroître votre standing professionnel. Votre présence sur LinkedIn, active et engageante, vous permet de tisser des liens durables et d'ouvrir des portes vers des opportunités qui pourront se révéler cruciales pour le succès de votre entreprise e-commerce naissante.

Participer à des événements en ligne

Participer à des événements en ligne est une stratégie judicieuse pour élargir votre réseau professionnel sans dépenser un centime. L'essor des technologies numériques a démocratisé l'accès à des conférences et à des séminaires autrefois réservés à ceux qui pouvaient investir dans des frais de voyage coûteux. Aujourd'hui, l'internet abonde de webinaires gratuits et de sommets virtuels qui vous permettent d'apprendre des experts tout en tissant des liens précieux avec d'autres entrepreneurs.

La première étape pour profiter de ces opportunités est de rechercher les événements pertinents dans votre domaine. Peaufinez votre quête en utilisant des mots-clés appropriés et en vous inscrivant aux newsletters des entreprises et communautés qui ont une influence dans le secteur que vous ciblez. Cela vous permettra non seulement d'être au courant des événements à venir, mais aussi de rester informé des tendances actuelles. Les plateformes sociales comme LinkedIn, Twitter et même certains groupes Facebook dédiés sont des mines d'or pour dénicher ces événements. En suivant les hashtags pertinents, vous pouvez trouver des discussions en direct qui se transforment souvent en plateformes de réseautage efficaces.

Dès que vous trouvez un événement qui vous intéresse, inscrivez-vous sans hésiter. L'inscription précoce à ces événements a souvent des avantages; cela vous permet de vous familiariser avec le format, de poser des questions à l'avance qui pourraient être abordées pendant la session, et parfois même de recevoir des ressources exclusives. N'oubliez pas que la participation ne se limite pas simplement à être un spectateur. Pour maximiser votre expérience, engagez-vous activement dans les discussions en ligne qui accompagnent souvent ces événements. Les chats en direct et les questions-réponses sont une excellente occasion de vous faire remarquer, de partager vos idées et éventuellement de mettre votre propre projet e-commerce sous les feux de la rampe.

Une autre dimension clé des événements en ligne est le volet réseautage. La plupart des plateformes qui hébergent ces événements possèdent des fonctionnalités intégrées qui facilitent la mise en réseau. Utilisez-les intelligemment pour établir des connections. Il est impératif de soigner votre présentation lors des introductions virtuelles. Assurez-vous que votre profil sur LinkedIn est à jour et reflète fidèlement vos ambitions et compétences e-commerce. Cela facilitera les échanges et vous permettra de vous connecter plus facilement avec des personnes partageant les mêmes intérêts. Envoyez des messages de suivi après le webinaire aux connexions potentielles, soulignant les points de discussion qui vous ont unis. Ces échanges personnalisés peuvent déboucher sur de fructueuses collaborations futures.

Participer à ces événements ne vous enrichit pas seulement en termes de relations. C'est une occasion en or pour élargir vos compétences et découvrir de nouvelles perspectives sur la gestion d'un commerce en ligne avec des ressources limitées. En écoutant les experts partager leurs stratégies et outils, vous pourrez intégrer ces connaissances directement dans votre propre activité, affinant

147

et renforçant vos pratiques commerciales. Ces événements en ligne sont souvent riches en contenu, fournissant des insights pratiques que vous pouvez appliquer immédiatement pour améliorer votre présence en ligne et optimiser vos opérations.

Un autre avantage indéniable de ces événements est la possibilité de comprendre comment le marché évolue en temps réel. Vous restez ainsi agile, prêt à adapter votre modèle d'e-commerce aux changements du marché. En participant régulièrement à ces événements, vous développez une vue d'ensemble précieuse sur ce qui fonctionne et les niches qui pourraient être sous-exploitées.

Enfin, outre l'aspect enrichissant d'apprendre et de réseauter, adopter cette méthodologie prouve votre engagement envers votre parcours entrepreneurial. Cela renforce votre réputation au sein de la communauté e-commerce comme étant un acteur déterminé à tirer le meilleur parti des ressources disponibles. De plus, être un participant actif dans ces sphères peut petit à petit vous transformer en une autorité reconnue, une personne avec qui d'autres voudront collaborer et échanger.

L'essentiel réside dans l'ardeur et la régularité avec lesquelles vous participez. Faites en sorte que ces webinaires fassent partie intégrante de votre stratégie de développement professionnel, et vous constaterez qu'il est tout à fait possible de bâtir un réseau solide et des compétences de pointe, le tout, sans investir un euro. Ainsi, ces événements en ligne deviennent plus qu'un simple outil de connaissance; ils se transforment en un pilier fondamental sur lequel repose le succès futur de votre entreprise e-commerce.

Reconnecter avec d'anciens collègues et amis

Reconnecter avec d'anciens collègues et amis peut être une stratégie puissante pour stimuler votre projet d'e-commerce sans avoir à dépenser un sou. Cette démarche s'appuie sur l'idée que votre réseau est un trésor inexploité, qui peut non seulement vous apporter des perspectives nouvelles, mais aussi vous offrir un soutien précieux sur le plan émotionnel et professionnel. La clé pour bien réussir cette reconnexion réside dans l'art subtil de rétablir des liens authentiques et bénéfiques.

Tout d'abord, il est essentiel de retrouver celles et ceux avec qui vous avez partagé des expériences professionnelles positives. Ces personnes peuvent être des anciens collègues qui partageaient le même enthousiasme et la même vision que vous, ou même d'anciens camarades d'école ou d'université avec qui vous avez collaboré sur des projets. La mémoire et l'expérience que vous partagez sont des fondations solides pour rétablir une relation fructueuse. Dans le monde des affaires, où un simple contact peut parfois se traduire par une opportunité considérable, il est judicieux de revisiter ces relations avec une approche sincère et honnête.

Pour cela, commencez par renouer le contact d'une manière personnelle. Évitez les messages impersonnels ou génériques. À la place, prenez le temps d'écrire un message personnel qui évoque un souvenir ou une anecdote partagée, ce qui démontrera que vous valorisez vraiment la relation que vous souhaitez renouveler. Cela aidera à créer une atmosphère amicale et ouverte, propice à une interaction significative. D'ailleurs, il ne faut pas hésiter à exprimer une véritable curiosité et un intérêt pour les avancées récentes de vos contacts, ce qui montrera votre volonté de tisser une relation de qualité basée sur l'échange.

L'évolution des réseaux sociaux, et surtout LinkedIn, offre des outils pratiques pour repérer ces contacts et faire le premier pas. Par exemple, vous pouvez « aimer » ou commenter une publication récente d'un ancien collègue pour démontrer votre présence et votre engagement, avant de lui envoyer un message direct. De cette manière, vous réapparaissez doucement dans leur esprit sans pour autant accaparer leur attention trop brusquement. Une fois la communication rétablie, proposez-leur un échange plus substantiel, sous la forme d'un appel visio ou d'un rendez-vous café. Ces rencontres virtuelles ou physiques créeront l'espace nécessaire pour un échange d'idées et de conseils qui pourrait s'avérer inestimable.

Il est aussi fort bénéfique de ne pas aborder cet entretien avec une simple demande. Personne n'aime se sentir seulement sollicité pour un service, surtout si c'est la première fois que vous leur adressez la parole en plusieurs années. Plutôt que cela, allez à ces discussions comme une personne ouverte, prête à écouter avant tout. En prêtant une oreille attentive aux besoins et projets de vos contacts, vous développerez une relation fertile en idées collaboratives. Servez-vous de l'occasion pour envisager des moyens de les aider aussi, que ce soit en partageant une information utile ou en mettant en relation avec d'autres personnes pertinentes de votre réseau.

Reconnecter avec de vieilles relations n'est pas seulement une démarche axée sur l'acquisition d'avantages immédiats. C'est une opportunité de créer une communauté de support mutuel. Comprendre que vous êtes là pour partager votre aventure entrepreneuriale, les réussites comme les défis, formant ainsi une communauté où l'émulation et la solidarité sont au cœur des interactions, est fondamental. En combinant vos efforts et votre enthousiasme, ces liens peuvent même se transformer en collaborations plus concrètes où chacun y trouve son compte.

Finalement, le monde de l'e-commerce se nourrit d'interactions humaines authentiques. Le lien que vous entretenez avec d'anciens collègues et amis peut se révéler être un passage respectueux et sécurisant vers votre nouveau parcours professionnel. En reconquérant ces relations avec respect, compréhension et un esprit de collaboration, vous tissez un réseau de soutien solide et stable. Ce réseau, bien qu'immatériel au premier abord, est une véritable pierre angulaire de votre succès futur, car il vous connecte à une multitude de compétences, de perspectives et d'opportunités sans détour.

Transformer cette approche en pratique signifie également garder en tête que rétablir des connexions demande du temps et de la patience, tout autant qu'un engagement sincère. Il n'y a pas de raccourci pour les relations, mais ce sont ces relations, tissées délicatement et cultivées avec soin, qui sont souvent à la base des accomplissements les plus durables et satisfaisants dans le domaine professionnel.

Collaborations et partenariats gratuits

Les collaborations et partenariats gratuits sont un véritable levier pour faire décoller votre activité e-commerce sans mettre la main au portefeuille. Dans le monde de l'entreprise, ces alliances stratégiques peuvent donner accès à de nouveaux marchés et clients, tout en renforçant votre présence et crédibilité sur le terrain. Un moyen de s'immerger et de prospérer grâce au soutien mutuel et à des opportunités partagées.

Premier point crucial, les partenariats avec d'autres entrepreneurs ou entreprises de votre secteur vous permettent de mutualiser vos ressources et de bénéficier d'une visibilité partagée. Pensez à ces collaborations comme à des échanges de bons procédés où chacun apporte sa pierre à l'édifice. Par exemple, si vous êtes dans le domaine des produits artisanaux, associez-vous avec une entreprise locale de design graphique pour créer des ressources visuelles qui mettent en valeur vos produits. Vous bénéficiez de leur expertise graphique tandis qu'eux profitent de l'exposition auprès de votre clientèle. Ce type de partenariat ne requiert aucun échange monétaire, mais il demande une communication ouverte et claire sur les bénéfices et attentes de chaque partie.

Ensuite, n'hésitez pas à tirer parti de la blogosphère et des influenceurs. Leurs audiences fidèles peuvent devenir le tremplin idéal pour faire connaître vos produits sans débourser un sou. Proposez-leur des collaborations sous forme de partages de contenus, d'échanges de produits ou même de la création de contenus en tandem, qui bénéficient aux deux parties. Une stratégie gagnante peut être de confectionner un événement en ligne conjoint, tel qu'un webinaire ou un live Instagram, où vous discutez d'un sujet commun, créant de la valeur ajoutée pour les deux audiences. L'important ici est de construire une relation sincère et mutuellement bénéfique, en veillant à ce que les interactions respectent l'intégrité et l'authenticité qui ont attiré vos premiers followers.

Les partenariats avec des associations ou des ONG sont une autre voie passionnante pour obtenir de la visibilité tout en soutenant une cause qui vous tient à cœur. Impliquez votre entreprise dans des initiatives locales et proposez des produits en lien avec les besoins de l'association. Non seulement cela vous permet de vous intégrer au sein d'une communauté engagée, mais cela ajoute également une dimension sociale à votre entreprise qui peut séduire les consommateurs aujourd'hui de plus en plus sensibles aux valeurs éthiques et au commerce responsable. Vous pouvez aussi suggérer des ateliers gratuits ou des événements de sensibilisation en ligne, organisés conjointement avec des ONG, renforçant ainsi votre engagement communautaire et votre notoriété.

La clé pour que ces collaborations et partenariats soient couronnés de succès réside dans votre capacité à identifier des parties prenantes dont les valeurs et les objectifs s'alignent avec les vôtres. Il s'agit de nouer des relations de confiance où la transparence et la clarté des intentions prédominent. Cela engendre une synergie positive qui stimule la croissance d'une manière organique et durable. Pensez également à la possibilité d'un escabeau de relations, où une collaboration modeste peut mener à de plus grandes opportunités à mesure que votre réseau s'étend.

Soyez aussi à l'affût des tendances du marché et adaptez-vous pour créer des collaborations originales et captivantes. Une idée innovante pourrait être d'organiser une sorte de challenge sur les réseaux sociaux qui engage les communautés respectives des partenaires à interagir d'une manière créative et participative. À travers ce genre d'interaction, non seulement vous stimulez la notoriété de votre marque, mais vous établissez également un lien émotionnel avec votre audience qui va au-delà d'une simple transaction commerciale.

Enfin, il est crucial de documenter et d'évaluer l'impact de chaque partenariat. C'est un apprentissage continu où chaque collaboration vous enseigne quelque chose de précieux. Mesurez le retour sur investissement, non en termes financiers, mais dans les précieuses connexions faites, la visibilité acquise, et bien sûr, la satisfaction de votre clientèle. Développer ces alliances stratégiques avec soin et conscience aura pour effet de consolider votre e-commerce, vous ancrant fermement dans votre secteur sans dépenses superflues. Avec patience et persévérance, les partenariats gratuits deviennent une véritable force motrice pour propulser votre entreprise vers de nouveaux sommets, vous ouvrant les portes vers l'expansion et la réussite, tout en conservant cette liberté financière précieuse que vous recherchez.

Chapitre 13
Mesurer le succès de
votre e-commerce.

Définir des indicateurs clés de performance

Pour toute entreprise, la réussite ne se mesure pas uniquement en termes de bénéfices immédiats, mais aussi par sa capacité à atteindre des objectifs stratégiques spécifiques à long terme. Dans le monde de l'e-commerce, où la concurrence est plus féroce que jamais, définir des indicateurs clés de performance (KPI) est essentiel pour garantir que votre boutique en ligne progresse dans la bonne direction. Ces indicateurs sont comme les étoiles dans un ciel nocturne, guidant les navigateurs que sont les entrepreneurs vers leurs destinations commerciales.

Lorsque l'on commence avec un budget nul, il est crucial de concentrer ses efforts sur les données qui importent vraiment. Les KPI sont donc choisis en fonction de la nature unique de votre entreprise. Souvent, les indicateurs E-commerce les plus convoités incluent le taux de conversion, le trafic du site, la valeur moyenne des commandes et le taux de rétention de la clientèle. Chacun de ces indicateurs raconte une histoire distincte sur la santé et l'efficacité de votre entreprise.

Le taux de conversion est probablement l'un des KPI les plus significatifs pour un site d'e-commerce. Il s'agit du pourcentage de visiteurs sur votre site qui prennent une action conséquente, que ce soit en s'inscrivant à votre newsletter ou, plus crucialement, en effectuant un achat. Un taux de conversion élevé signifie que vos efforts en matière de marketing, de conception de sites web, et de relation client sont en cohérence avec les attentes des visiteurs. Cependant, un taux de conversion faible indique qu'il y a des lacunes qui doivent être comblées, peut-être au niveau de la confiance des clients ou de la simplicité du processus d'achat.

Ensuite, le trafic du site est un autre KPI important qu'il ne faut pas négliger. Il représente le volume de visiteurs qui accèdent à votre boutique en ligne. Augmenter ce chiffre doit être un objectif constant, mais cela doit être fait avec discernement. Attirer plus de visiteurs n'est bénéfique que si ces visiteurs sont véritablement intéressés par vos produits ou services. Ainsi, cibler le trafic qualifié à travers des campagnes de marketing sur les réseaux sociaux ou en optimisant le référencement naturel (SEO) devient une stratégie essentielle.

Par ailleurs, la valeur moyenne des commandes est un bon indicateur de la manière dont vous arrivez à inciter vos clients à dépenser plus à chaque visite. Celui-ci est particulièrement important pour les entreprises qui cherchent à maximiser la rentabilité par client. Des techniques comme le cross-selling (proposition de produits complémentaires) ou l'up-selling (suggestion de produits plus chers) peuvent augmenter cet indicateur et, par conséquent, les revenus sans avoir besoin d'acquérir de nouveaux clients.

Enfin, le taux de rétention de la clientèle mérite également une attention particulière. Acquérir de nouveaux clients peut être coûteux; par conséquent, les conserver est souvent plus bénéfique. Mesurer le pourcentage de clients qui reviennent faire des achats sur votre site vous aidera à évaluer votre relation client et la fidélité des consommateurs. Des initiatives comme les programmes de fidélité, les offres personnalisées ou une excellente expérience client peuvent significativement augmenter ce taux.

Une fois ces indicateurs définis, il est essentiel de les suivre rigoureusement. Utiliser des outils d'analyse web comme Google Analytics peut offrir de précieux insights sur ces KPI, vous permettant d'ajuster votre stratégie rapidement et efficacement. Surveiller ces indicateurs vous apportera une vision claire de ce qui fonctionne et de ce qui nécessite des ajustements.

L'élaboration d'indicateurs de performance vous conduit également à développer une discipline d'évaluation continue, qui est essentielle dans le monde en constante évolution de l'e-commerce. En analysant régulièrement ces chiffres, vous pourrez découvrir de nouvelles opportunités et éviter des pièges potentiels. Gardez à l'esprit que ces mesurations doivent être vues comme des repères sur votre carte de succès, non pas des jugements définitifs de votre entreprise.

En conclusion, définir des indicateurs clés de performance ne constitue pas simplement une étape mineure dans la gestion de votre e-commerce, mais le socle de votre stratégie globale. Ils sont votre boussole numérique, vous guidant vers l'amélioration continue et la réalisation de vos ambitions d'entrepreneur. Doter votre e-commerce de ces points de repère c'est s'assurer de toujours avancer, même lorsque le chemin devient difficile à voir.

Utiliser les retours clients pour améliorer

Dans le monde compétitif de l'e-commerce, comprendre et écouter ses clients est une composante centrale du succès. Utiliser les retours clients pour améliorer son offre et son service est essentiel pour transformer une boutique en ligne prometteuse en une entreprise durable. Les retours clients, qu'ils soient positifs ou critiques, sont des mines d'informations qui permettent d'affiner chaque aspect de son activité.

Il est crucial de créer un environnement où les clients se sentent valorisés et écoutés. Cela commence par la mise en place de canaux de communication accessibles et efficaces pour recueillir les commentaires. Que ce soit par le biais de questionnaires après achat, d'enquêtes de satisfaction, de commentaires sur les réseaux sociaux ou de simples courriels de suivi, chaque interaction doit être utilisée pour obtenir des informations précieuses sur l'expérience client. Ces points de contact doivent être conçus pour encourager la franchise et faciliter l'expression des clients, car plus le retour est détaillé, plus il sera utile.

Lorsqu'un client prend le temps de partager son feedback, il est impératif de le remercier et de montrer que sa voix compte. Cela peut se faire par une réponse personnalisée qui reconnaît et traite ses préoccupations, tout en exprimant de la gratitude pour sa contribution. En agissant ainsi, non seulement cela renforce la fidélité et la satisfaction du client, mais cela encourage aussi d'autres clients à participer activement au processus d'amélioration continue de l'entreprise.

Une fois les retours collectés, l'étape suivante est l'analyse. Chaque retour doit être évalué pour discerner les tendances et les points récurrents. Les clients peuvent signaler des problèmes techniques, des lacunes dans le service client, ou exprimer des souhaits pour de nouvelles fonctionnalités et produits. L'objectif est de transformer ces données brutes en actions concrètes pour améliorer son offre. Par exemple, si plusieurs clients mentionnent des difficultés lors du processus de paiement, cela indique un besoin immédiat d'optimisation de la chaîne d'achat.

Il est important de prioriser les actions à entreprendre en fonction de l'impact potentiellement positif qu'elles pourraient avoir sur l'expérience client et les résultats commerciaux. Les réclamations fréquentes ou celles impliquant des aspects critiques de l'entreprise doivent être traitées en priorité. Cependant, il ne faut pas ignorer les retours positifs. Ils peuvent guider l'aspect réjouissant et unique de son service à maintenir et développer. Les éloges spécifiques de clients satisfaits peuvent également servir de précieux témoignages pour attirer de nouveaux clients.

Mais l'analyse ne s'arrête pas là, elle doit être suivie d'une étape de mise en œuvre rigoureuse. Les e-commerçants doivent être prêts à apporter des changements, à ajuster leurs produits, à modifier leurs politiques, voire à refondre totalement leur service client si cela est justifié. Il est crucial de tester ces changements de manière mesurée pour s'assurer qu'ils apportent les améliorations souhaitées sans introduire de nouvelles complications.

Après la mise en place des résolutions basées sur le feedback client, il est essentiel de communiquer ces changements aux clients. Cela peut se faire par le biais de newsletters, d'annonces sur le site Web ou par des messages directs aux clients impliqués. Montrer que l'entreprise a pris des mesures concrètes en se basant sur les retours clients n'est pas seulement une illustration de réactivité, mais c'est aussi une preuve de l'engagement de l'entreprise envers l'amélioration continue et la satisfaction client.

Finalement, il est fondamental de réaliser que le processus d'amélioration grâce aux retours clients est un cycle permanent. L'optimisation de la plateforme de vente et de l'expérience utilisateur doit être une tâche continue et dynamique, stimulée par une écoute active et une capacité d'adaptation et d'innovation. Transformer un retour client en une action bénéfique peut accroître la réputation de l'entreprise et fortifier sa position sur le marché. À long terme, la valorisation des retours clients et la mise à profit de leurs critiques et louanges créent un cercle vertueux de confiance et de fidélité, qui est l'une des clés du succès dans le monde de l'e-commerce.

Analyser les ventes et tendances

Analyser les ventes et tendances dans un e-commerce est un exercice crucial qui permet de comprendre non seulement l'état de santé de votre boutique en ligne, mais aussi d'anticiper les futurs besoins de vos clients. Tout d'abord, il est important de recueillir des données sur vos ventes. Cela peut être fait à travers différentes plateformes qui vous permettent de collecter ces informations, souvent gratuitement, comme Google Analytics ou des fonctions intégrées dans des marketplaces telles qu'Etsy ou eBay. Ces outils vous donnent une image claire des articles qui se vendent le mieux, à quelles périodes de l'année vous avez des pics de ventes, et quelle est l'évolution générale de votre chiffre d'affaires.

L'analyse des ventes commence par l'examen minutieux des produits qui s'écoulent le plus rapidement. Comprenez ce qui les rend attractifs : est-ce le prix, la qualité, ou un besoin spécifique comblé chez vos consommateurs ? En ajustant votre stratégie autour de ces produits performants, vous êtes en mesure de consolider votre chiffre d'affaires. Cependant, ne vous arrêtez pas aux succès, examinez aussi les produits en déclin. En comprendre les raisons, que ce soit une perte d'intérêt général ou une meilleure offre concurrente, vous guide pour prendre des décisions alignées sur la réalité du marché.

Parallèlement à l'analyse des chiffres bruts de vente, il est tout aussi crucial d'étudier les tendances du marché. Cela implique de garder un œil constant sur ce que vos concurrents font, mais également de surveiller les changements de comportement des consommateurs. Les tendances peuvent vous indiquer les nouveaux territoires à explorer, ainsi que les anciennes méthodes à abandonner. La mode d'aujourd'hui ne sera pas celle de demain, et l'adaptabilité est clé dans le monde dynamique de l'e-commerce. Utilisez des outils de veille concurrentielle pour recueillir des informations sur les tactiques de vos concurrents et identifiez les nouvelles tendances émergentes dans votre domaine.

Dans le cadre de cette analyse, servez-vous aussi des retours clients pour affiner vos observations. Les avis et commentaires ne sont pas seulement des outils pour mesurer la satisfaction client, mais aussi des matériaux bruts vous permettant de repérer des tendances, par exemple, des préoccupations récurrentes ou des suggestions d'amélioration. Une simple modification sur un produit en réponse à un feedback client peut potentiellement booster vos ventes et affiner votre offre.

En plus des données internes, élargissez votre perspective en intégrant des informations macro-économiques et socioculturelles. Les fluctuations économiques, les changements d'habitudes de consommation liés à des événements sociétaux mondiaux, comme l'essor de l'écologie, peuvent avoir un impact significatif sur votre activité. Ces variables extérieures, souvent analysables via des études de marché ou des rapports sectoriels, apportent un autre niveau de compréhension sur lequel fonder vos ajustements stratégiques.

Cependant, l'analyse des ventes et des tendances n'est complète que si elle se traduit par des actions concrètes. Les données que vous collectez doivent informer votre stratégie marketing, vos décisions de fixation des prix, vos promotions, et même vos choix de fournisseurs. L'anticipation engendrée par l'analyse est votre meilleur allié pour rester en avance sur la concurrence. Par exemple, si vous remarquez une tendance vers des produits écoresponsables, vous pouvez anticiper cette demande en ajustant votre inventaire et votre communication là-dessus.

Ainsi, analyser les ventes et tendances n'est pas une activité ponctuelle ; c'est un composant permanent du succès de votre e-commerce, une quête pour comprendre constamment ce qui fonctionne, et pourquoi. Elle impose une discipline d'apprentissage continu et de réactivité. Adopter cette approche préventive et proactive maximise vos chances de faire prospérer votre entreprise sans épuiser inutilement vos ressources. En somme, la maîtrise de cette compétence vous permet non seulement de naviguer habilement dans le présent, mais aussi de vous préparer pour l'avenir dans l'univers capricieux et passionnant de l'e-commerce.

Adapter sa stratégie selon les résultats

Pour qu'un e-commerce prospère, il est essentiel de déployer une stratégie flexible et prête à évoluer en fonction des résultats obtenus. L'aptitude à adapter sa stratégie selon les résultats est une compétence précieuse qui peut faire la différence entre une entreprise qui stagne et une qui connaît une croissance florissante. Lorsqu'on analyse les indicateurs de performance clés que l'on a définis, il est fondamental de ne pas se contenter de regarder les chiffres de manière statique, mais plutôt de chercher à comprendre ce qu'ils racontent de l'expérience client, de l'efficacité des processus de vente et de la pertinence des produits ou services proposés.

La première étape pour adapter une stratégie consiste à interpréter correctement les données recueillies. Il est crucial d'examiner non seulement les ventes elles-mêmes, mais aussi d'autres aspects tels que le taux de conversion, la récurrence des achats et les abandons de panier. Une analyse approfondie permettra de découvrir des tendances ou des comportements récurrents parmi les clients. Par exemple, si l'on remarque que les clients abandonnent souvent leurs paniers à un moment précis du processus d'achat, cela peut indiquer un problème avec la complexité du système de paiement ou la clarté des informations proposées. Il est alors possible d'envisager des ajustements, tels que simplifier le processus de paiement ou offrir des garanties supplémentaires, pour réduire ces abandons.

Par ailleurs, il est important de surveiller les retours et commentaires des consommateurs. Ces derniers fournissent souvent des indices précieux sur des aspects de l'offre qui pourraient être améliorés. Un flot constant de remarques négatives concernant un produit spécifique peut indiquer le besoin urgent de reconsidérer la qualité ou le positionnement de ce produit. Inversement, des retours encomiasticques sur un autre produit pourraient signaler la nécessité d'accroître sa promotion ou d'étendre la catégorie de cette gamme de produits. S'appuyer sur le feedback des clients représente un excellent moyen de garder un pied sur le terrain et de s'assurer que l'entreprise évolue en adéquation avec les attentes du marché.

Lorsque les tendances et les analyses soulignent une opportunité, il est primordial d'agir promptement. Si une campagne promotionnelle ou un canal de vente particulier montre des résultats prometteurs, allouer davantage de ressources dans cette direction pourrait maximiser le retour sur investissement. En d'autres termes, une stratégie numérique pourrait nécessiter un renforcement de la présence sur certains réseaux sociaux, par exemple, si les données montrent un engagement élevé des utilisateurs sur ces plateformes. Une telle action proactive permet non seulement de capitaliser sur les opportunités existantes, mais aussi de poser les bases d'une relation client plus solide.

Il ne faut pas non plus négliger l'aspect innovant du processus d'adaptation. L'utilisation de technologies émergentes ou l'implémentation de nouvelles fonctionnalités peut souvent différencier une entreprise sur un marché concurrentiel. Les résultats des données peuvent indiquer un intérêt croissant des consommateurs pour des solutions faciles et accessibles, comme l'intégration de chatbots ou de services de livraison express. Être attentif aux tendances technologiques peut offrir un avantage concurrentiel significatif.

L'adaptation de la stratégie doit également prendre en compte l'environnement concurrentiel. Surveiller les initiatives de la concurrence et la manière dont le marché réagit à ces initiatives est crucial. Il est possible de tirer parti de cette veille concurrentielle en ajustant ses propres offres pour combler des lacunes que les concurrents n'auraient pas encore abordées. Cela pourrait inclure l'ajout de services complémentaires qui enrichissent l'expérience utilisateur globale ou le repositionnement de l'offre marketing de sorte qu'elle s'aligne mieux sur les tendances de consommation actuelles.

En fin de compte, l'adaptation d'une stratégie e-commerce selon les résultats obtenus n'est pas quelque chose de ponctuel, mais plutôt un processus continu de réajustement et d'amélioration. Elle exige un leadership visionnaire, une équipe réactive et la volonté de remettre constamment en question le statu quo. Demeurer agile et ouvert aux changements garantit non seulement une meilleure résilience face aux variations du marché, mais crée aussi un espace où l'innovation peut continuellement prospérer. Ce temps investi dans l'analyse et l'adaptation apporte ainsi des réponses à non seulement comment croître, mais pourquoi certaines stratégies sont plus efficaces pour votre entreprise, amplifiant ainsi les chances de réussite et de pérennité sur le long terme.

Chapitre 14
Perspectives d'avenir
pour votre e-commerce.

Scalabilité de votre entreprise sans budget

Dans le domaine de l'e-commerce, la scalabilité est un élément essentiel à considérer pour garantir la croissance et la pérennité de votre entreprise. Scalability, ou scalabilité, désigne la capacité d'une entreprise à évoluer et à s'adapter à un volume croissant de demandes. Le défi ici est de développer cette flexibilité sans investissements initiaux importants. Pour y parvenir, l'ingéniosité et l'utilisation optimale des ressources existantes jouent un rôle crucial.

La première étape vers une scalabilité réussie est la construction d'une infrastructure digitale robuste sans débourser un sou. Les plateformes de vente gratuites, comme Etsy, eBay ou même un simple site WordPress avec des plugins e-commerce, peuvent servir de tremplin. En utilisant des outils gratuits, vous êtes en mesure de tester le marché, de comprendre le comportement des consommateurs et de peaufiner votre offre avant de vous engager dans des dépenses plus significatives. Les solutions de gestion de contenu open source, associées à des hébergements web gratuits, permettent de gérer votre boutique en ligne de manière professionnelle tout en vous épargnant des frais élevés dès le départ.

Ensuite, il est important de maximiser l'efficacité des opérations. En intégrant des logiciels de gestion de relation client (CRM) en version gratuite, vous optimisez l'interaction avec vos clients, gardez une trace précieuse de leurs préoccupations et personnalisez votre offre pour mieux répondre à leurs attentes. C'est cette adaptation personnalisée qui peut propulser votre entreprise vers de nouveaux sommets sans nécessiter d'investissement direct dans des études de marché onéreuses.

Le marketing est un autre domaine où la créativité peut remplacer les liquidités. L'usage stratégique des réseaux sociaux et des forums de discussion vous offre une visibilité mondiale sans devoir allouer un budget important à la publicité traditionnelle. Se concentrer sur du contenu viral, des collaborations avec des influenceurs mineurs mais pertinents, et l'organisation de concours peut vous attirer une vaste audience avec un investissement monétaire nul. La valeur est créée en exploitant la puissance de vos réseaux existants et en bâtissant une communauté autour de votre marque.

En parallèle, il est impératif d'adopter une approche modulaire de votre chaîne d'approvisionnement. L'utilisation de prestataires de services tiers pour des éléments tels que l'impression à la demande ou le dropshipping vous permet de gérer des stocks sans frais initiaux considérables, élargissant ainsi votre gamme de produits sans capitaliser directement sur ces produits. Cette flexibilité ne compromet pas seulement les coûts fixes, mais offre également un moyen de tester plusieurs produits et services sans contrainte financière.

Tandis que votre entreprise prend de l'ampleur, n'oubliez pas l'importance de la rétroaction client comme un outil précieux pour l'innovation et le développement continu. Cette rétroaction, souvent recueillie via des enquêtes gratuites ou par le biais de réseaux sociaux, vous fournit les informations nécessaires pour apporter des améliorations et élargir le champ d'action de votre e-commerce de façon constructive.

Enfin, réinvestir dans les infrastructures digitales où la croissance est la plus tangible peut s'avérer crucial pour maintenir la scalabilité. Examiner continuellement les outils gratuits qui deviennent disponibles ou optimiser ceux déjà utilisés assure que votre entreprise bénéficie toujours du meilleur de ce que la technologie moderne peut offrir sans impacter financièrement vos opérations.

En somme, la croissance de votre e-commerce sans budget réside dans l'optimisation continue et la rigueur dans l'utilisation des outils et plateformes disponibles gratuitement. Cela exige foresight et agilité, mais ces qualités permettent d'atteindre un stade durablement compétitif dans le paysage e-commerce. Avec des stratégies bien pensées et une volonté d'innovation constante, même sans fonds initiaux, il est tout à fait possible de transformer une petite idée en une entreprise florissante qui sait s'adapter et croître avec le marché. Votre détermination à exploiter toutes les opportunités accessibles saura indubitablement faire la différence.

Comment diversifier vos revenus

Dans le monde dynamique du commerce électronique, une diversification efficace des flux de revenus est une stratégie cruciale pour assurer la pérennité et la croissance de votre entreprise. Diversifier vos revenus signifie générer de l'argent à partir de plusieurs sources différentes, réduisant ainsi le risque inhérent à la dépendance vis-à-vis d'un seul flux principal. Cette approche est particulièrement pertinente lorsque l'on démarre avec un budget limité, car elle permet d'exploiter toutes les opportunités potentielles pour augmenter votre rentabilité sans investissements significatifs supplémentaires.

Commencez par considérer les produits ou services complémentaires à ce que vous proposez déjà. Par exemple, si votre e-commerce est centré sur la vente de vêtements, envisagez d'ajouter des accessoires tels que des bijoux, des sacs ou des chaussures qui complètent votre ligne de base. L'idée est d'étoffer votre offre sans alourdir votre inventaire initial, ce qui peut se faire via le modèle de dropshipping. Ce modèle se révèle être une stratégie particulièrement efficace pour explorer différentes niches de marché sans la nécessité de maintenir des stocks, ce qui minimise les coûts mais maximise le potentiel de revenus.

Ensuite, explorez les opportunités de programmes d'affiliation. Il s'agit d'un excellent moyen de diversifier vos revenus en promouvant des produits ou services connexes adaptés à votre audience. En recommandant ces produits tiers et grâce à des liens d'affiliation dans votre boutique ou sur vos plateformes de contenu, vous pouvez percevoir des commissions sur chaque vente convertie à partir de votre recommandation. Assurez-vous de sélectionner des partenaires affiliés qui partagent les mêmes valeurs et standards que les vôtres pour maintenir la cohérence et la confiance de votre base clientèle.

Par ailleurs, une diversification des revenus peut être réalisée en monétisant votre expertise. Si vous possédez une connaissance approfondie de votre secteur, vous pourriez envisager de lancer des formations en ligne, des tutoriels ou même des consultations rémunérées. Cette approche ne nécessite pas nécessairement un investissement financier mais un investissement personnel et en temps. Créez du contenu éducatif sous forme de cours numériques ou d'ateliers que vous pouvez vendre directement via votre site e-commerce. Ces actifs numériques peuvent générer des revenus résiduels constants.

Une autre avenue consiste à transformer votre e-commerce en plateforme de consommation de contenu utile. Créez un blog ou un vlog associé à votre boutique, où vous pouvez écrire des articles, créer des vidéos ou des podcasts qui attirent une audience intéressée par votre thématique. Vous pouvez par exemple monétiser ce contenu par le biais de la publicité en ligne ou en proposant des abonnements premium pour un contenu exclusif. À mesure que votre audience s'agrandit, des marques peuvent s'intéresser à promouvoir leur produit sur vos plateformes, générant ainsi des revenus publicitaires.

Enfin, pensez à développer des collaborations stratégiques avec d'autres entreprises ou marques. Les partenariats peuvent prendre la forme de co-branding, où vous vous associez à une entreprise complémentaire pour créer ou promouvoir un produit qui bénéficie des forces combinées des deux marques. Ces partenariats stratégiques peuvent aussi inclure des promotions croisées qui permettent à chaque entreprise impliquée d'étendre sa portée.

En somme, la diversification de vos sources de revenus nécessite de l'ingéniosité et une compréhension claire de votre marché et de votre clientèle. Cela exige de vous de rester attentif aux tendances du marché et à l'évolution des besoins de vos clients, tout en vous montrant flexible et prêt à innover. Chacune de ces méthodes peut être adaptée à votre situation actuelle sans coûter cher, mais plutôt en utilisant les ressources et les compétences que vous possédez déjà. Un focus continu sur la diversification des revenus peut non seulement solidifier la stabilité financière de votre e-commerce, mais également propulser sa croissance de manière durable et rentable. Ce chemin vers la diversification s'inscrit pleinement dans l'esprit entrepreneurial que ce livre cherche à transmettre, vous guidant vers un avenir d'opportunités infinies.

Préparer sa transition vers un modèle payant

La transition d'un modèle gratuit vers un modèle payant est une étape cruciale dans l'évolution de votre entreprise e-commerce. Tout au long de la construction de votre boutique en ligne avec un budget initial de zéro euro, vous avez sans doute su faire preuve de créativité pour contourner les obstacles financiers, en exploitant les outils gratuits et en maximisant votre potentiel avec des ressources limitées. Cependant, à mesure que votre entreprise grandit, la transition vers un modèle payant peut non seulement vous permettre d'améliorer la qualité de vos services et produits, mais également de maintenir la viabilité et la compétitivité de votre entreprise.

Lorsque vous envisagez de passer à un modèle payant, la première étape est de bien comprendre les raisons pour lesquelles vous souhaitez entreprendre ce changement. Le passage à un modèle payant vous offre, entre autres, la possibilité d'investir dans des outils de meilleure qualité qui peuvent considérablement améliorer l'efficacité de vos opérations. Que ce soit en matière de gestion de l'inventaire, d'optimisation de la chaîne logistique ou d'amélioration de l'expérience utilisateur sur votre site web, les options disponibles avec des ressources payantes sont souvent plus abouties. Cela vous permettra de gagner du temps, de réduire les erreurs et d'offrir un service client de qualité supérieure.

Une fois cette décision prise, il est essentiel de préparer votre clientèle à ce changement. La transparence est clé; communiquez clairement et honnêtement avec vos clients sur les raisons de cette transition et sur la manière dont elle les affectera positivement. Expliquez comment l'introduction de certains frais permettra à votre entreprise d'offrir un meilleur service ou des produits de qualité supérieure. Maintenir la confiance de votre clientèle pendant cette période de transition est primordial, car cela peut influencer leur décision de continuer à acheter vos produits ou services.

Votre stratégie financière doit également être soigneusement élaborée. Définir un plan d'action vous aidera à anticiper les défis et à tirer parti des nouvelles opportunités que ce modèle pourrait offrir. Quels services ou produits sont suffisamment performants et uniques pour justifier des frais supplémentaires ? Comment pouvez-vous minimiser les coûts pour vos clients tout en veillant à ce que votre entreprise en tire des profits suffisants ? Ce passage demande une réflexion stratégique pour faire basculer progressivement certains aspects de votre entreprise vers une monétisation, tout en gardant à l'esprit le besoin de fidéliser et de satisfaire votre clientèle existante.

Une transition réussie vers un modèle payant dépend également de la structure organisationnelle de votre entreprise. Avez-vous besoin de former votre équipe pour s'assurer qu'elle est capable de gérer ce nouveau système efficacement ? L'expansion potentielle de votre entreprise pourrait nécessiter l'embauche de personnel supplémentaire ou le développement des compétences actuelles au sein de votre équipe pour s'adapter aux nouvelles exigences de votre entreprise. Prévoyez des formations et des ajustements internes pour que toute l'organisation soit alignée sur votre nouvelle approche.

En plus des aspects opérationnels, l'expérience utilisateur ne doit pas être ignorée. Intégrez des améliorations à votre site web qui faciliteront la navigation et l'expérience d'achat de votre clientèle, maintenant qu'un modèle payant est en place. Cela peut inclure l'utilisation de plates-formes payantes qui offrent un service client plus réactif et des interfaces plus fluides pour garantir une satisfaction continue de vos consommateurs.

Enfin, l'innovation continue doit rester au cœur de votre stratégie à mesure que vous faites la transition vers un modèle payant. Pour rester attractif dans un marché en constante évolution, votre entreprise doit non seulement suivre les tendances, mais aussi les devancer. Les investissements que vous pouvez désormais faire avec ce nouveau modèle offriront à votre entreprise des opportunités de développement dans de nouveaux produits, services ou marchés que vous pourriez ne pas avoir entrepris autrement. Le paiement de certains outils ou services vous met dans une position où vous pouvez envisager d'accéder à des programmes de recherche et de développement ou de mettre en œuvre des technologies novatrices qui assurent que votre entreprise reste compétitive.

En conclusion, la transition d'un modèle gratuit à un modèle payant est une évolution marquante mais essentielle dans le cycle de vie de votre entreprise e-commerce. Avec une préparation soigneuse, un engagement envers l'innovation et une gestion attentionnée de la relation client, il est tout à fait possible de réaliser cette transition avec succès tout en continuant à fournir de la valeur à vos clients et à assurer la croissance de votre entreprise.

L'importance de l'innovation continue

Dans le monde dynamique de l'e-commerce, l'innovation continue se révèle être un levier essentiel pour la pérennité et la croissance de toute entreprise. Elle n'est pas seulement une question de survie dans un marché concurrentiel; elle est le moteur qui propulse les entreprises vers de nouveaux sommets. Pour un entrepreneur débutant avec un budget restreint, l'innovation semble souvent réservée aux grandes entreprises avec des ressources abondantes. Cependant, la vérité est que l'innovation ne se limite pas aux grandes découvertes ou aux technologies de pointe; elle commence avec la capacité de voir les possibilités là où d'autres voient des contraintes.

Lorsque vous dirigez un e-commerce avec un budget initial nul, l'innovation devient non seulement un avantage compétitif, mais aussi une nécessité stratégique. Elle permet de capitaliser sur les ressources existantes, de les optimiser et de créer de la valeur de manière ingénieuse. Par exemple, l'utilisation intelligente des outils numériques gratuits pour améliorer l'expérience utilisateur sur votre site peut révolutionner votre interface. L'innovation dans ce cas ne réside pas seulement dans la technologie employée, mais dans la manière de l'employer pour répondre efficacement et efficacement aux besoins des clients.

En outre, l'innovation continue signifie également rester à l'affût des tendances émergentes et adaptables aux fluctuations du marché. Cela pourrait impliquer l'intégration des nouvelles tendances de consommation, telles que les produits écologiques ou les solutions de paiement de nouvelle génération. Développer une sensibilité envers ces changements est fondamental pour anticiper les besoins futurs du marché et donc d'y répondre avec des produits ou services adéquats. Une vigilance constante sur les nouvelles tendances vous permet de rester pertinent aux yeux des consommateurs tout en préservant votre valeur ajoutée unique.

Un autre aspect essentiel de l'innovation est la réinvention constante de votre offre de produits ou services. De petites modifications dans le design, l'emballage ou même le service à la clientèle peuvent créer une expérience utilisateur enrichissante et fidéliser votre clientèle. Cette stratégie peut inclure l'intégration de suggestions clients pour améliorer vos offres ou l'association avec d'autres petites entreprises pour co-créer de nouveaux produits. C'est cette capacité à répondre aux besoins des clients de manière dynamique qui confère à une nouvelle entreprise un avantage dans la densité compétitive du marché en ligne.

L'efficacité opérationnelle représente également un champ fertile pour l'innovation. En rationalisant vos processus commerciaux, vous réduisez les coûts tout en augmentant votre capacité à servir vos clients de manière rapide et efficiente. Automatiser certains aspects de l'e-commerce grâce à des outils gratuits peut permettre de consacrer plus de temps aux tâches stratégiques qui demandent une intervention humaine. Ainsi, l'innovation continue est un processus qui elle-même se nourrit de l'effort incessant de rendre chaque aspect de votre entreprise plus performant.

Une autre raison pour laquelle l'innovation continue est cruciale réside dans sa capacité à transformer les défis en opportunités. En cultivant une culture d'innovation, vous et votre équipe êtes mieux équipés pour affronter les obstacles et les imprévus du parcours entrepreneurial. Cette capacité à pivoter rapidement et à s'adapter face à l'adversité donne un avantage considérable dans un environnement de marché qui peut être imprévisible.

Enfin, n'oublions pas l'impact émotionnel et psychologique de l'innovation. Elle stimule la créativité et incite à un état d'esprit positif et ambitieux. Elle encourage les individus à sortir des sentiers battus, à exprimer leur potentiel et à imaginer des solutions audacieuses. Pour un entrepreneur, ce sentiment d'agilité et de proactivité peut renforcer la motivation et la résilience nécessaires pour réussir sur le long terme.

Dans cet esprit, il est clair que l'innovation continue n'est pas un luxe pour un e-commerce opérant avec un budget de départ nul, mais bien une condition sine qua non à sa survie et à sa prospérité. Elle doit être au cœur de votre stratégie, non seulement pour maximiser les ressources disponibles, mais aussi pour ouvrir de nouvelles voies vers le succès. En intégrant une approche innovante à chaque facette de votre entreprise, vous posez les jalons qui consolideront votre e-commerce dans le temps et vous prépareront à capitaliser sur chaque opportunité qui se présentera à vous. Une vision innovante est un pont vers l'avenir, celui où vos objectifs entrepreneuriaux deviennent une réalité solide et durable.

www.ingramcontent.com/pod-product-compliance
Lightning Source LLC
LaVergne TN
LVHW022318060326
832902LV00020B/3533